いつも信頼される人がやっている

「たったひと言」の

質問力

考学舎代表
坂本 聰

ソシム

問題です。

ある売れっ子ディーラーさんがお客さんにかけたひと言は、どれでしょうか？

①「どんなお車をお探しですか？」

②「今日は、どんなご用件でしょうか？」

③「新車種をご覧になりませんか？」

実は、正解は
この3つの中にはありません。

では、
どんな言葉でしょうか？

その言葉と、
それを生み出すちょっとしたコツを
あなたにお伝えしよう
というのが、本書です。

読み終えたとき、
「こんなことで、信頼されるんだ」
とその効果に
びっくりすることでしょう。

はじめに

「たったひと言」でどんな人の信頼もつかむ方法

ディーラーが実際に質問したのは、

「よくお出掛けになるんですか？」

というひと言です。

最初聞いたときはびっくりしました。車を売る気がないのかな、と。

でも、その後の話を聞いて、納得しました。このひと言には、信頼を生み出すコツが詰まっているのです。

ちょっと信じられないかもしれませんが、これは、**「相手の考えを深く理解し、信頼を生むひと言」**なのです。

お客さんはきっと、少し不思議に思いつつ、「この人は、自分たちに関心がある人なんだろうな」と最初に思いました。

そして、

「普段は買い物、街乗りが多いけど、週末はよく山歩きに行くんです」

と、自分たちの話が始まります。「プライベートな話」は、信頼の証と言っても過言ではないでしょう。そのうちに、

「車は登山口まで。オフロードとかは走りません。長距離でも疲れない車がいいなあ」

と、「ほしい車の話」に入っていきます。

「信頼できる」と感じたから、希望や不安をディーラーに素直に話す。ディーラーも、堂々と要望に合う車種を勧めることができる。そこには、**「お客さんの話を聞きたい↓信頼が生まれる↓信頼できるから何でも相談する」という信頼の流れ**ができています。

この信頼のスパイラルが生まれたのは、最初に「よくお出掛けになるのですか？」という相手を理解しようとするひと言を、ディーラーが質問したからなのです。

「信頼される」には、どんなヒミツがある？

お客さんとディーラーの間に信頼が生まれたのは、

「どんな車をお探しですか？」

といった「**よくあるひと言を言わなかったから**」だといって間違いありません。

もしこのひと言を言ったら、かなりの確率でお客さんは不満を持ちます。セールストークをされてうんざりするからです。仮に購入にいたったとしても、しばらくして、「なぜ買ったのか」がわからなくなり、何かしっくりこないことに腹を立ててしまう……、という姿が簡単に想像できます。


一方、ディーラーのひと言は、違いましたね。

旅行のため、日常生活のため、子供の送迎のため……、自動車販売店に来た目的はいろいろ考えられますが、その人の状況を理解しようとする姿勢が、「あ、この人、信頼できるかも」と感じるきっかけになったのです。
つまり、**相手を理解しようとする「ひと言の質問」が、信頼を生んだ**のです。

ホントに誰でも「信頼される人」になれる

「何を、どう質問したらいいの？」と身構える人も多いかもしれません。

そこで役立つのが、本書で解説するメソッドです。このディーラーも、実はそのメソッドを使って「ひと言の質問」を生み出しています。

・上辺ではない**深い部分での信頼関係を築きたい**
・発言に対して、**一目置かれたい**
・社内外で**大切にされたい**
・もっと**人間関係をよくしたい**

こうしたことは、やり方さえ知っていれば、誰でも実現可能です。しかも、特別な言葉遣いを学んだり、複雑なテクニックを覚える必要もなく、**今までの習慣にちょっとした工夫をするだけ**でできます。

実際に、私はこれまで20年以上にわたって、小学生から中高生、大人まで、1万人を超える人たちにこのメソッドをお伝えしてきましたが、多くの人がそれをできるようになっています。

ぜひ本書で紹介する手法を使って、「いつも信頼される人」になる第一歩を踏み出していただけたらと思います。

目次

序章

いつも信頼される人はどこが違うのか？

――大切にされるためのたったひとつのコツ

第1章

「信頼される質問」をつくる絵訳とは？

——頭の中の言葉をイメージにする

第2章 質問力を高める絵訳の技術

——「信頼される質問」のためのステップ

第3章 「最高の言葉」を絵訳で探す

――場面にピッタリの「伝わる言葉」がわかる！

第4章

「絵日記」で質問力を鍛える

——最強のトレーニングツール!!

本書の第4章で紹介する「絵日記テンプレート」は、次のURLからダウンロード可能です。
https://edu.kogakusha.co.jp/archives/2477

※ご利用にあたって
・本コンテンツの使用により生じた、あらゆる損害・紛争等に出版社ならびに著者は一切関与しません。
・本コンテンツは、事前告知なしに変更・公開中止となることがあります。

序章

いつも信頼される人はどこが違うのか？

――大切にされるためのたったひとつのコツ

信頼への「大きな勘違い」

「いつも信頼される人」は、特別な人ではない

「いつも信頼される人」
と聞いて、どんな人を思い浮かべるでしょうか。
信頼されるためには、豊富な知識、誠実な行動、頭の良さ、気配りなど、人として
さまざまな能力を身につけていないといけないと思っている人も多いと思います。

この「信頼される人」像は、理想的と言えますが、多くの人にとってはとても実現

できないものではないでしょうか。また、うまくそうなれたとしても、その人生が自分に合ったものかどうかもわかりません。

むしろ、そうならないといけないと自分にプレッシャーをかけ、「なんで自分は、他の人のようにできないんだ」と自分を追い込む人も少なくないでしょう。

「信頼される人」と聞いて、自分とのギャップを意識する人のほとんどが、こうした苦手意識を持っているのではないでしょうか。このイメージ、ガラリと変えてみませんか。

本書は、「いつも正しくいよう」「困った人がいたら助けよう」「常に論理的に考えよう」といったスーパーマンを目指す本ではありません。**今の自分のまま、信頼される人になる方法を解説する本**です。

本書の冒頭で登場したセールスマンを思い出してみてください。彼も、すごそうに見えるかもしれませんが、特別ではありません。彼が大切にしていたのは、お客様を理解するための「質問」でした。

そう、**質問が信頼関係の基本**なのです。

信頼される人に共通する質問力とは？

「え？　質問？」

と思うかもしれませんが、ここで、あなたが今まで出会った人を思い出してみてください。

- 初対面なのに、一気に距離感が縮まる人
- 初対面だから、なかなか距離感が縮まらない人

の2パターンの人がいないでしょうか。

両者の違いは、「質問」にあります。

先に答えを言ってしまうと、**「相手に信頼される質問」ができた人が、一気に距離感を縮めることができる人**です。

「信頼される質問」とは、相手の考えの根拠や背景を謙虚に知ろうとする質問です。あくまで、自分自身は、相手のことをわかっていない、という前提で相手を知りたいと思ってする質問です。

たとえば、何かを少し話したとき「私もそうなんです」と同調されるのもうれしいものですが、「もう少し詳しく聞いてもいいですか？」と、より話を促《うなが》してくれるような質問をされたほうが、話は深くなっていくのではないでしょうか。

このような質問は、**聞かれた側にとって「この人は、自分のことを知りたいんだ」と思わせる質問**だからです。そして自分の考えの根拠や背景を話すので、表面だけではない考えを伝えながら、お互い信頼を深めていけます。
そう、表面だけの探り合いや盛り上がりではない対話ができるのです。
ほかにも、信頼される人は次のような言葉の言い換えができます。

質問されたときに
× まず自分で考えて → ○ 問題は何?

何か間違えてしまった時に
× 何でそんなことしたの? → ○ それってどういうことだったの?
× ちゃんと考えてからやったの? → ○ 詳しく教えて?

相手の説明に対して
× それってどういうこと? → ○ そうなった理由があるの?

「確かにいい質問だけど、そういうのは、特別な知識がある人にしかできないよ」と思ったかもしれません。でも、こうした質問は特別に頭のいい人にしかできないものではありません。**やり方さえわかれば、誰にでもできる**のです。

私は実際に、その方法を小学生から専門学校生・大人にまでお伝えし、誰もが自然に「相手との距離感を埋める質問」ができるようになっています。

ONE POINT

「自分のことを知りたいのかな」と思ってもらうことが、信頼の第一歩。

「わからないこと」が質問できると信頼が生まれる

実は、ほとんどの人が「わかったつもり」

「質問」とひと口に言っても、何でもいいから聞けばいいというわけでもありません。相手を追い込むように深掘りしたり、その根拠を繰り返し聞く「根ほり葉ほり質問」や、「なぜ？」ばかりを繰り返す「尋問質問」は、むしろ信頼を損ねてしまうでしょう。

私が理想とする質問は、もっと単純で、根本も違います。

「わからないところを聞く」質問です。そうすると、的外れな質問や相手が望まない質問ではなく、純粋に「知りたい」を体現する質問になります。

大切なのは、「自分が何をわかっていなくて、何を知りたいのか」を自覚することです。「とりあえず何か聞いてみよう」「話させよう」ではダメです。「興味があるから、わからないところをもっと詳しく話して！」という意識を持つことで、相手の気持ちが動くのです。

「わからないところ」というと、

「話を聞いて、わからないことなんてない。よほど説明が下手でなければ……」

という人がいますが、果たして本当にそうでしょうか。実は**私たちは「わからないところ」をスルーしてしまっていることが多い**のです。

たとえば、上司に小言を言われ最後に、

「わかったか？」

と聞かれたら、ほとんどの人が「はい、わかりました。申し訳ありません」などと答えると思います。これは、「内容を理解したか？」ではなく「相手の怒りを受け入れた」という意味ですよね。

「わかった」は、このように色々な場面で使われるので、同じように、何かの説明を受けたときにも、「説明を聞いたよ」という程度で「わかった」と言ってしまいます。

でも、この辺りからが危険なのです。

自分自身、「わかった」と言っているから、「聞いたよ」だけでなく「わかった（理解した）」と勘違いしてしまいます。そして、本当に理解しなければならない場面でも、**なんとなく「わかったつもり」になり、「わかった」と勘違いしたまま素通りしてしまう**のです。

「わかったつもりの人」ほど信頼できない！

その「わかったつもり」を発見し、「何がわからないのか」をストレートに質問することが信頼につながります。考えてみてください。

・「わかったつもり」でいつも行動する人
・「わからないこと」をきちんと理解して行動する人

どちらの人が信頼できるでしょうか。「わからないこと」をきちんと理解しようとする人であることは間違いないでしょう。
何かの説明を受けた際に、「○○以降がよく分からなかったのですが……」と「わからないこと」を質問できる人です。

ONE POINT

難しいことは考えないで、「わからないこと」をストレートに質問する！

まわりに好かれる人が絶対にしないこと

よく考えると、「わかったつもり」だらけ

信頼されるためには、「わからないこと」にきちんと向き合うことが必要です。

でも、多くの人が、「わからないこと」を明らかにしないまま、なんとなく会話をし、やり過ごしています。

「そんなことはない」と思うかもしれませんが、過去を振り返ってみてください。

小学校や中学校の授業はどうだったでしょうか。

「授業中、その場では『わかった、わかった』と思っていたけれど、いざ答えを求められたら、どう答えていいかわからず、パニックになった」

という体験はありませんか？

もう少し最近、**仕事の中**で、

「説明を受けた時には『わかった』と思ったけれど、実際やってみるとどうすればいいかわからなかった。それを質問しようと思ったけど、どう聞いていいかわからない」

という経験はありませんか？

一方、相手に何かを説明しつつ、「突っ込んだ質問をされても答えられないから、質問してこないでくれよ」と、こっそり願ったことはありませんか？

私も高校の途中まで、国語の読解問題がまったくできず、「国語は運だ！」と思っていました。正しいと思った選択肢を選んでも、正しいと思ったことを書いても、丸がついていたり、いなかったり……。**文章を読み、問題文を読んで、それに答えようとするのですが、うまく解けない**のです。

ある先生からは、

「文章ちゃんと読んでる？　よく読めば書いてあるんだよ」

と言われたりしました。「ちゃんと読む」「よく読む」の意味がわからなかったものです。

こうした「わかったつもり」は誰にでもあります。でも、そのために**失ってしまった信頼や信用が多くある**のではないでしょうか。

一方、「わかったつもり」に気づき、その「わからない」を明らかにした人は、行動や考え方に一貫性があるので、誰からも信頼される人になるのです。

「わかったつもり」の原因は何だろう？

「なぜ多くの人が、わかったつもり、になってしまうのか？」
かつてサラリーマン時代に、私も痛い思いをした経験があります。

忙しそうな上司からある仕事を依頼されます。
上司　「この前A社と話題になった件、ちゃんとした資料にしておいてくれる？」
私　「はい、わかりました」
私は心当たりがあったので、そのまま受けて資料を提出しました。ところが――。
上司　「これだと話の内容がちょっと違うね」
と戻されてしまいました。
しかし私には、今一つ、何が違うのかわかりません。でも、今さら聞けそうにもありません。仕方ないのでなんとなく少し変えてまた出してみます。でもまだ違うと言われます。上司は少しイライラしてきている様子。もう今さら質問することなんて……。

確かに上司と一緒にA社に行ったとき、「話題になった件」がありました。私はその件を資料にまとめ、上司に提出したのです。でも、上司は違うことを考えていたようです。

なぜこんなことが起きてしまったのでしょうか。

原因は、私の勝手な想像にあります。2人の会話から、「私の意識」にひっかかったいくつかのキーワードを勝手に取り出して、「概要」だと思っていたのです。資料を作るように指示された際には、この概要のまま、内容を確認する質問をすることなく引き受け、作業を始めてしまいました。

こうならないためには、どうすればよかったのか？

それはたった一つの段取りです。

「理解を確認するための質問をする」

このプロセスが自分自身のためにも、資料を依頼した上司のためにも必要でした。

そうすれば、上司の思惑通りの資料を期日通りに用意することができ、上司からの信頼を得ることができていたはずです。

ここから言えることは、「**早い段階で全体像から詳細までを理解し、足りない情報や不安な点があるなら、早めに質問することで信頼につながる**」ということです。

「わかったつもり」の最悪の結末

「わかったつもり」のまま話が進んでしまえば、結局だれも気付かないままになることもあるんじゃないですか。あえて途中で確認のために質問したりしたら、空気が悪くなるだけだと思うのですが」

という質問をときどき受けます。でも本当にそうでしょうか。

これは、私と社員との会話です。

私　「もちろん、お互いがズレに気づかない間は、わかったつもり、はどちらにとっても気づくことができないものです。あえてそこで、自分の理解のための質問などすれば、めんどうくさいと思われることもあるかもしれません」

社員　「そうですよね。やはり余計なことは言わないほうがいい場合もありますよね」

私　「ただ、先ほどの例からわかる通り、どこかで、このズレが明らかになるものです。そして、明らかになるのが後になればなるほど、ズレを修正することは難しくなり、決定的な問題となります」

社員　「じゃあ逆に言うと、波風立てなくてもどこかで気づける、ということでもありますか？」

私
「『気づける』と言えば聞こえはよいかもしれません。でも、仕事で大きな遠回りをすることになります。人間関係でも信頼を失う、ことにはなりません か。先ほどの例のように、提案する段になってズレが発生していることに気づけば、それまでの時間はすべてやり直しとなるばかりか、顧客からしてみれば、要望が伝わらない相手。となるのではないでしょうか」

「わかったつもり」が続けば続くほど、お互いの損失が大きくなるのではないかと思います。

ONE POINT

「勝手な想像」で会話をするのをやめる！

知識はなくていいから、質問力を磨こう

「質問力がある人」はなぜ信頼されるのか？

「知識や語彙力がないと、信頼されるのは難しいのでは？」と思っている人もいるかもしれませんが、安心してください。たとえ**知識や語彙力がなかったとしても、信頼されることは誰にでも可能**です。

むしろ、変に知識がないほうが、純粋な質問となり、会話は発展しやすい場合もあります。

たとえば、次の自己紹介をされたとき、どんな言葉を返しますか？

「私は犬より猫が好きです」

どうでしょうか。

この文章を見せると、たいてい2つの反応があります。

A「『イヌ』より『ネコ』が好きなんだね？」

B「猫といってもいろんな種類がいるけど、どんな猫が好きなの？」

前者は「犬も猫も4つ足で毛むくじゃらの動物」という程度の理解しかない人に多い回答です。たいして興味もないし、あくまで言葉のうえで返答した、という感じでしょう。

一方、後者は犬と猫の違いや特徴をある程度イメージした人の回答です。猫は一種類ではないことは誰でも知っていますから、「どんな猫を想像しているのだろう？」

と**情景を思い浮かべたからこそ、できた質問**だといって差し支えないでしょう。

前者と後者のうち、どちらがより信頼を得られる返答かというと、後者ですよね。

それは、話し手は「明らかに猫の話をしたい」のであり、後者のような質問は、よりその話を深く聞きたいという興味や関心を相手に認識させ、ちゃんと話を聞いていると思わせる質問だからです。

この違いは「持っている知識の差」だといえるかもしれませんが、もう少し深く考えると、「**細かいところまで、イメージできたかの差**」といえます。つまり、どこまでイメージできるかで、質問の質が決まっていたのです。

ほとんどの人は、聞いたことや読んだことを自分の好きなように解釈して、理解したつもりになっているだけ。

これは話の一部分だけ、それも**かなり入り口の部分を理解しただけの状態**です。

でも、そんな理解から生まれる言葉は、相手の信頼を生み出す言葉にはなりません。

どこまでイメージできるかで、理解度は大きく変わる

中途半端な理解しかできていなければ、それに対する返答も中途半端な言語化になってしまう――。そんな人を信頼する人はいないでしょう。

逆にいえば、**わからない部分をはっきりさせる質問ができれば、正しい理解ができ、信頼されるようになる**と言っても過言ではありません。

つまり、知識や語彙力、言葉遣いなどのテクニックがなくても、「正しい理解」ができれば、信頼されるようになるのです。

海外留学で気づいた「質問の驚くべき効果」

私が「**知識や語彙力よりも質問力が大切**」という感覚に初めて気づいたのは、高校時代に海外留学しているときでした。

「辞書で調べて、日本語訳がわかっても、結局よくわからない……」

これは、私が留学中に味わった感覚です。

私は幸運なことに、「国際ロータリーの青少年交換プログラム」の青少年交換学生として高校時代、1年間をベルギー・リエージュ市で過ごしました。ホストファミリー宅に滞在し、現地の学校に通いました。

当時の私は、「1年間で誰にも負けないフランス語力を手に入れるぞ」と意気込んでいました（ベルギーには公用語が3つあります。フランス語、オランダ語、ドイツ語です。私が滞在したリエージュ市はフランス語圏でした）。

学校では、友達のノートをのぞきながら、読みにくい字を解読し、なんとかノートをして家に帰る。家では知らない言葉の意味を1つ1つ調べていくという日々です。こんな日々を始めて数カ月、私が気づいてしまったのが冒頭に書いたことでした。

最初のうちは、それにすら気づかず、謎の日本語を書きつらねていたのですが、ある日、全然わからないことに気づくのです。わからない、けれど、今のようにインターネットがあるわけではないので、その時私がやったのは、**「わからない部分を友だちに質問して、日本語ではなく、フランス語で簡単な言葉にして教えてもらう」でした。つまり、「言い換え」です。**

すべての言葉と絵はセットになっている

当時の友だちは、私の質問に、本当に良く付き合ってくれました。友達の中には簡単な図や絵を描いて説明してくれる友達もいました。今になって考えると、これが理解を深める質問の原型かもしれません。

つまり、直訳した日本語を理解することが、語学学習においては一見、最短ルートのように思いますが、そうではなく、**単語の意味をきちんと言葉や絵、図でその背景まで理解することで、初めて自分自身の言葉にできる知識として定着させることができた**のです。

特に、外国語と日本語では表現の幅が異なり（たとえば、日本語では肉に対して、鶏や豚をつけそれぞれの肉の種類を示しますが、英語ではまったく別の言葉がありますよね）、それを理解するためには、辞書の直訳ではかえってわかりづらかったのでしょう。

聞いたこと、見たことを一生懸命簡単な言葉でメモするこの作業が私に「正しい理解とは何か」を教えてくれました。

帰国後、日本の高校に戻って気づいたことがあります。国語の読解問題が、「運」ではなくなっていたのです。

1万人以上を変えた「絵訳」の技術

その後、無意識のうちに、私は他人に質問をして物事を説明できるようになっていきました。

高校3年生のころは、ちょっと得意になって友だちに色々なことを質問していたことをよく覚えています。「質問で整理できて助かった」と言ってくれる友達、「めんどうだった」という友達、さまざまです。

大学時代はとにかく勉強ができない後輩とたくさん勉強しました。大学ではイノベーションについて多くを学びました。企業家は、正しく理解し、考え、そこから社会に求められる商品やサービスを見つけていることを知ります。

大学卒業後、システム開発会社のサラリーマンとなった私は、システム開発の勉強を通し、**業務を正しく理解するためにも、わからない部分を質問することが必須であ**

り、そのためにイメージをしながら考えることが有効であることを学びました。

一方、仕事においては「正しく理解し、そこから考えること」があまり活用されていないことにも気づきました。26歳、会社を辞め、「この力を伸ばせる場所を作ろう」と今の考学舎が始まりました。

考学舎では、小学生から高校生までと個別指導の形で勉強し、専門学校や大学ではクラスや学年単位で学生たちに話をさせてもらっています。考学舎のもう一つの事業である、システム開発の受託事業では、お客様をメンタリングするように、業務をうかがい、それを図式化してどこまでをシステム化するのか、お客様と一緒に考える日々です。

それから**25年、気がつけば1万人以上の人に、読んだことや聞いたことを絵にして自分の理解を確認するメソッドの話をしてきました。**それが次章から解説する「絵訳」というメソッドです。

そこからいえることは、絵訳の技術を使えば、誰でもわからない部分を確認し、質問をすることで、物事を正しく理解できるということです。

ONE POINT

言葉だけで考えていても、
わからないことは、ずーっと、わからない。

第1章

「信頼される質問」をつくる絵訳とは？

——頭の中の言葉をイメージにする

そもそも会話は「イメージ」するとうまくいく

「絵から考える」とは、こういうこと

「絵訳」をすることで、どのように物事の見え方が変わってくるのか。
それを説明するために、先日、相談を受けた20代会社員との会話を紹介します。

相談者　「絵訳するようになって、周囲の評価が驚くほどよくなりました」
私　「今までとどう変わったのですか？」
相談者　「しっかりと指示されたことを作業できているからか、周囲から明らかに

信頼されるようになったと感じます。今までとは違う仕事や大事なプロジェクトも、任せられるようになりました。前は冷たかった先輩も優しくしてくれます」

私 「なぜ今まではうまくいかなかったと思いますか？」

相談者 「今までは、上司の指示の中でいくつかの言葉だけをピックアップしていました。耳に残った言葉から全体を理解していたような気がします。それでよくミスして、周りの人に冷たい目で見られていました」

私 「部分から、全体を想像していたんですね」

相談者 「いざ、作業しようと思うと、色々疑問が湧いてくるんですよね」

私 「指示の一部しか理解していないからですね」

相談者 「結局、やりやすい方法や、やったことのある方法で処理してしまう。それでOKなこともあるんですけど、合ってないこともあって、怒られて……」

私　「それは、日々ストレスが溜まっていたでしょう」

相談者　「でも、今は違います」

私　「どう変わったんですか？」

相談者　「話を聞きながら、絵訳することで、わからない部分を気にするようになりました。最後にわからない部分を質問する。質問イメージができているので、要点を絞ってできるんです」

私　「わからないこと、を確認することで、信頼を得られたんですね」

このように、絵訳で想像することを通し、何か特別な学びや準備がなくても、その場で理解度を深め、物事を正しく把握できています。

今までだったら、「とりあえず手をつけてから考えよう」と思って、中途半端な理解でスタートし、周囲の期待を裏切っていました。でも、「わからない部分を質問し、正しく理解してからやろう」となったことで、信頼されるようになったのです。さらに、指示に不要な情報があれば、削ぎ落とし、より優れた成果物に仕上げることも可能でしょう。

立ち止まって、頭の中でイメージする

「わからないこと」をどうやって発見し、自覚するか。

そのために役立つのが、本書で紹介する「**絵訳**」です。

ひと言でいうと、「**頭の中で、聞いている内容をイメージ化する技術**」です。

もともとは、見聞きすることをイメージ化しながら、足りない情報を発見・確認・質問することで、自分自身の言葉で説明できるレベルにまで理解を深める技術なのですが、この過程がコミュニケーションにとても役立ちます。

絵訳には3つの効果があります。

①聞いた事実を頭の中で絵としてイメージする（イメージ化）
②わからない部分を、きちんと質問できる（質問化）
③質問することで、理解が深まる（理解）

「別に大したことはないじゃんか」と思うかもしれません。確かにその通りです。でも、この「大したことない効果」があることで、たどり着けるコミュニケーションのレベルがあるのです。

よく周りを観察すると分かります。**多くの「信頼されている」人が、物事を理解する過程で絵訳をし、どんどん鋭い質問をして、相手からの信頼を得ている**、と言っても過言ではありません。

ONE POINT

わからないことを質問し、
正しく理解しよう！

絵訳が「質問」にもたらす2つのメリット

「質問内容」がはっきり、わかりやすくなる

絵訳を交えることで、質問は一気に研ぎ澄まされます。

もともと絵訳を思いついたのは、まったくの偶然です。

幸運なことに、私が運営する考学舎には、あらゆる手を使って勉強を回避しようとする生徒がいつもいます。

そして、考学舎には、私の小学校時代の友人である雪山大君《ゆきやまたけし》（株式会社アルナ代表取締役社長）から贈られた額縁に入った絵がたくさんかかっています。ある生徒と

の会話から、この中の1つの絵を説明してもらうことになりました。

私　「君の説明は本当によくわからない、様子が想像できないんだよね」
生徒　「じゃあ先生、説明の方法をもっとちゃんと教えてよ」

ときたわけです。その時目に入ったのが、額縁に入ったいくつかの絵でした。1つは、キリンがすっと立つシンプルな絵、もう1つは、猫がソファで丸くなっているリビングルームの絵でした。私はキリンの絵を指さして聞きました。

私　「これは何の絵だい？」
生徒　「簡単だよ、キリンの絵でしょう？」
私　「どんなキリン？」
生徒　「どんな？　ふつうのキリンだね」
私　「ふつうって？　キリンを知らない人にわかるように説明してみてよ」

生徒「うーん、黄色でちょっと茶色い斑点《はんてん》があって、長い首を上にすっとのばしてる、かなあ。なんか口をもぐもぐさせているかも、なんか食べてるのかな？」

私「ストップ！　なんか食べてるかどうかはわからないよね、この絵からわかるのは、口をもぐもぐまでじゃない？」

生徒「まあそうかもね……」

私「じゃあ、となりの絵をちゃんと説明してみよう。今度は書いてみてね」

と言って原稿用紙を渡しました（考学舎ではいつも色々書いてもらうので、原稿用紙がたくさんあります）。

生徒「えー、書くの？　めんどくさい、じゃあやらない」

私「まあまあ、ちょっとやってみようよ、こんなの簡単に説明できるんだろ？」

生徒「……」

教室にあった2つの絵

（というわけでしぶしぶ彼はその猫の絵を説明し始めたわけです）

生徒 「どっから書こうか？『最初は猫が丸くなっています。』かなあ。あっ、でも突然猫が丸くなってます、って変かな」

私 「最初は1言でこの絵全体を説明できないかな？」

生徒 「なるほど、『リビングのソファで猫が丸くなっている絵です』みたいな感じ？」

私 「そうそう……、その後、順番に詳しく説明していけば」

と、このようにして、かつて誰もが持っていた「ちょっとしたわからない」が、絵を使うことで浮き彫りになり、質問へと変わっていったのです。

この生徒の「どっから書こうか？」「この部分はどうしよう？」と**自然と理解を深める質問が出てくる様子**はまぎれもなく絵訳の効果です。

これは、まさに今、多くの人が必要としていることではないでしょうか。

「考える力」が自然に身につく

この生徒とのやり取りからヒントを得て、その後、課題にしたのが、私自身が手描きしたこの絵です。

生徒A　「こんなの説明できないよ。坂本さん絵下手なんだからムリムリ」
私　「だよね、なんでこの絵は説明できないんだろう？」
生徒B　「だって、なんだかわからないもん、犬なの？　猫なの？　それとも、あざらし？　いやあ、どれでもないな」
（教室ではその後、この絵をめぐって色々な議論が巻き起こりました）
生徒A　「足は4本あるぞ、この耳の感じは犬というより猫かも」
生徒B　「口まわりは犬っぽい」
生徒C　「体つきと足の長さからはアザラシとかラッコとか」

ひとしきり話がでたところで、私から話しました。
「今さ、色々な動物の特徴を探しながら質問してくれたじゃん、それがわかることの第一歩なんじゃないかな？　キリンだって、首が長くて、黄色くて、っていう知っているイメージと合っていたからキリンだ、ってわかったんでしょう？　普段わからないことでも、そうやって知っている部分をつなぎ合わせたら、わかるようになるかもよ」

生徒たちはこの「わからない絵」をきっかけに**「理解とは何か」「理解するためにどんな質問をすればいいか」を考えるようになりました。**そして、読解問題に対する苦手意識を一気に減らし、前向きに勉強に取り組むようになっていきます。

その後も、絵や映像を言葉で説明するとともに、聞いたこと、読んだことを絵や図として表現するトレーニングを行うようになりました。

ただし、私が実践したのはこのトレーニングだけです。「何をどう質問するか」といった質問のルール、きちんと理解する方法など、細かいテクニックを子どもたちに教えることはほとんどありません。

ONE POINT

「絵」にすることで、自然に「理解するための質問」が浮かんでくる！

信頼される人は、頭の中でこう考えている

言葉にする前に、頭の中で絵にする

ここで、絵訳の「質問力と理解力が上がる」という効果を体感してもらうために、簡単なクイズを2つ出します。

まずは、

犬のような4本足の動物

を絵にするとしたらどうなるでしょうか？

みなさん頭の中でどんな犬を想像していますか？　一度今しっかり想像してみてください ね。

ここからは、その想像をとどめたまま、読み進めてください。

- 柴犬のような短毛種を想像する人
- チャウチャウのような長毛種を想像する人
- 大型犬を想像する人
- 小型犬を想像する人

いろいろな想像が考えられます。

このとき、「犬といっても、どの犬種だろう？」「毛の長さはどのくらいだろう？」「大きさはどのくらいだろう？」と疑問を持てたでしょうか。

言葉で考えているうちは難しいと思いますが、それを**「絵にしてほしい」と言われた途端に、想像は一気に膨らむ**と思います。イメージを固めようとすればするほど、曖昧な箇所が浮き彫りになってきて、それが疑問・質問として湧いてくるのではないでしょうか。

これが、**絵訳による「質問を生み出す」効果**です。

また、「自分自身が何を想像できるか」だけでなく、「自分とは異なる想像がある可能性」まで考えられることも大切です。

もう一問出します。

幹にふしが3つある、葉っぱのふさふさとした木

を絵にするとしたらどうでしょう?

頭の中でどんな木を想像していますか? 一度、しっかり頭の中でイメージしたうえで読み進んでください。

「葉っぱのふさふさとした木」の箇所は、あまり想像に差は出ないと思います。しかし前半の「幹にふしが3つある」という部分はどうでしょうか？

ひょっとしたら、「ふしってなんだ?」とひっかかりましたか？

なんとなく大きな木を想像してしまった人は、まだ成長の余地があります。

「幹にある3つのふし」まで想像した方、もしくは、「ふしってなんだっけ」と疑問がわいてきた方、まずは合格です。

ここで大切なのは、「ふしってなんだっけ」と思った方も「合格」であることです。

「イメージできない言葉」は疑問になる

イメージできないことは、頭の中で黒塗りになる

このように、人はイメージできない言葉、描くことができない内容に出合うと、無意識のうちに、「なんだっけ?」と疑問を思い浮かべるのです。

絵としてイメージしようと思うと、このような「知らない言葉」に引っかかりやすくなります。逆に、言葉だけで考えていると、「ふし」なんて気にせず読み飛ばしてしまうのです。

もう一つ、大切なポイントがあります。

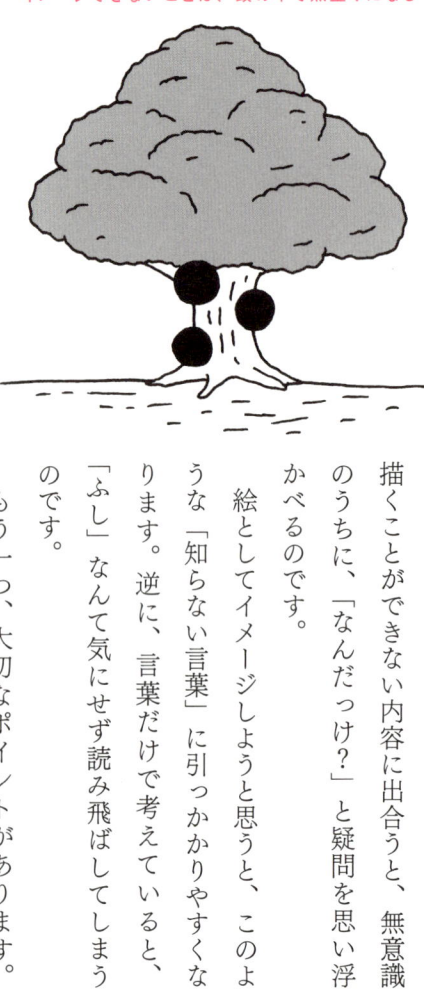

「ふし」がわからない言葉として浮かんだとき、イメージはどうなっていたでしょうか。黒塗りになっていませんか？　そう、**知らない言葉は、イメージの中で黒塗り**なのです（人によっては、真っ白だったり、灰色だったりするかもしれません）。

これが「わからない」を見つけることなのです。この「わからない」に上手に引っかかることができれば、自然とそれが質問として浮かび上がります。

頭の中で、自分と向き合っている

絵訳は、目の前の物事と向き合うときにだけ役立つわけではありません。

自分と向き合う際にも役立ちます。

改めて、絵訳の３つの効果を振り返ってみます。

①聞いた事実を頭の中で絵としてイメージする（イメージ化）
②わからない部分を、きちんと質問できる（質問化）
③質問することで、理解が深まる（理解）

ここまで、絵訳のイメージ化、質問化のお話をしてきましたが、絵訳は最終的に、物事の理解を深めることにつながります。

そして、こうして物事や相手に向き合うと、**だんだんと今まで見えていなかったことに気づく**ようになります。それは自分自身への理解にもいえます。

何人ものプロ演奏家を育てたヴァイオリン指導者（鷲見康郎さん）から言われた、今でも覚えている言葉があります。

大学受験が近づいてきた高校3年生のある時期、私は彼にこう言われました。

先生「坂本君は、音楽家にはならないよね、何かのプロにはなるんだろうけど」
私「どういうことですか？」
先生「自分で自分を磨くことができるタイプだよね。自分を観察して、修正していくことができるタイプだから、プロとしてはいいよね。感性があってもプロとしては難しい子も結構いるんだよ。ある程度感性があると、指導して音大に入れてプロにすることはできる。でも、自分で修正したり調整したりしていく力がないままだと結局大人になってから成長できないんだよね。プロとしては難しい。この力は指導してできるようになるわけじゃないからね」

言われた当初は、「婉曲《えんきょく》にプロの奏者にはなれないよ、と言われた」としか思っていませんでした。しばらくして、この「自分で修正していくことができる」という言葉が気になり始めました。そしてこれは、

「自分に対して質問をしながら自分を変えていく力である」

と思い当たったのです。見たことを言語化する、聞いたことや読んだことを映像化する、だけでなく、

「わからないに気づく」

「それによって疑問を持つ」

という「質問」を繰り返しながら、よりよい行動へと自分を変えていくことができていたのです。これが結果的に、自分自身を成長させることになっていました。

ONE POINT

頭の中でイメージを描くことで、「わからないこと」が見つかる！

「聞き方」よりも「聞く内容」があなたの評価を決める

テクニックで信頼関係は築けない

絵訳の話をしていると、「具体的なテクニックを教えてほしい」とすぐ言われます。

でも、テクニックには「まねしやすい」というメリットがある一方で、「テクニックだけ」になるデメリットもあります。

弊社の取引先の部長さんと話をしていたときのことです。

「最近、部下と1on1《ワンオンワン》やるんだけど、なんか面談と変わらない感じになっちゃうんだよね。部下から本音を引き出せるいい質問ないかな？」

と聞かれました。

では、どんなやり取りをしているのでしょう。

上司　「先週のあの件、大丈夫だった？」
部下　「ありがとうございます。おかげさまで何とか無事に終わりました」

もうおわかりの通り、上司は「パワハラにならないためのハウツーを繰り出し」、部下は「上司との時間を切り抜けるためのハウツーを繰り出し」、時間をやり過ごしているだけです。

本来の目的は失われているといえるでしょう。

この原因は、「何を聞くか」の前に、「どのように聞くか」を優先していることにあります。つまり、「内容」ではなく「テクニック」に重きを置いているのです。

そうではなく、**本当に必要なのは、お互いの伝えたい内容を話し、聞くこと**だったはずです。
そうならなかったのは、「テクニックにこだわりすぎたから」といっても間違いないでしょう。

「相手にささる内容」のつくり方

このように、テクニックやハウツーには、「本来の目的を失わせる」可能性があります。絵訳も同じで、相手を、そしてもちろん、自分自身を理解するために、どのような対話であるべきなのか、意識を持ち直す必要があります。

では、どうすれば単なるテクニックにしないようにできるのか。最も重要なのは、**「わからない、に引っかかる」こと**です。

先ほどの上司と部下の例でいうと、上司は「どう大変だったか、わからない」を前提に話を始めるとよいでしょう。

上司「先週のあの件、大変そうだったね？」（概要を聞く質問）
部下「そうなんですよ。お客様の希望に合わせるのが大変でした」
上司「お客様の細かい要望があったの？」（詳細を聞く質問）
部下「実は――」

このように、「わからないこと」を軸に会話を積み重ねることで、相手はより話しやすくなり、聞き手も状況を詳しく理解できる環境が生まれます。

やってしまいがちなのは、「わかった前提」で「その解決法の良し悪しを教えてやろう」と匂わせる「大丈夫だった？」「ちょっと話してみて？」といった質問です。

これでは「面倒な説教が始まるかも！」と相手は身構えてしまい、結局、差し障りのない会話になってしまいます。

ONE POINT

「わからない、に引っかかる」ことが、会話の糸口になる

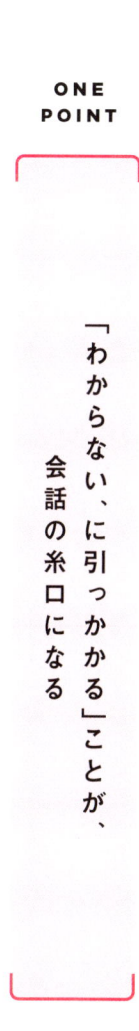

その時、頭の中で何が起きている？

頭の中で「絵としてイメージできる」かどうか

改めて言います。**「わからない」ということに気づくのが、みんな苦手**なのです。

でも、なぜでしょうか。

みなさんそもそも、「わかるための方法」をどこかで習ったことがありますか？

そう、わかる、とか、わからない、という感覚を教えてくれる人はいないのです。

もちろん、学校にもいません。実は、文部科学省が出している学習指導要綱にも、どこを見ても、「わかる方法」を教えるタイミングはありません。

つまり、**「わかる」と「わからない」を認識できていなかったのは、それを認識するための技法をきちんと学ぶ機会がなかったから**と言えます。

安心してください。今、ここで、「わかる」をしっかり認識する方法をお伝えします。

簡単です。

「頭の中で、絵としてイメージできるかどうか」を確認すればよいだけなんです。

たとえば次の言葉を読んだとき、あなたの頭には何が浮かぶでしょうか。

バナナ

さあ、今皆さんが、「バナナ」を読んだとき、アタマの中には何が起きていましたか？

・1本の黄色いバナナのイメージが思い浮かんだ
・1本の緑色のバナナのイメージが思い浮かんだ
・黄色のバナナの房のイメージが思い浮かんだ
・緑色のバナナの房のイメージが思い浮かんだ
・「バナナ」とカタカナが思い浮かんだ
・「ばなな」とひらがなが思い浮かんだ

最初の4つ、**なんらかのバナナの「イメージが思い浮かんだ」**のではないでしょうか？

そう、「バナナ」とか「ばなな」という文字は、実物の黄色いバナナに名前として当てはめられたものであり、この文字に何かの意味があるわけではありません。私たちにとっての「バナナ」は皮をむいて食べる果物なのです。このように本来、**言葉は実物と結びついています**。

バナナは誰もが知っている言葉だと思うので、今度は、もう少し珍しい言葉で試してみましょう。

たほいや

さあみなさん、同様に思い返してください、いま「たほいや」を読んだとき頭の中には何が思い浮かびましたか？

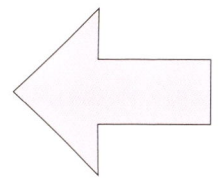

・森の中の小屋が思い浮かんだ
・「たほいや」というひらがなが思い浮かんだ
・何人かでゲームをする状況が思い浮かんだ

今回は、「たほいや」とひらがなが浮かんだのではないでしょうか。つまり、**人は「言葉の意味がわからない」とその文字が、そのまま頭の中に浮かぶ**のです。

そうなんです、知らない言葉は頭の中でイメージできないのです。逆に言えば、「頭の中でイメージできる、絵として想像できる言葉＝知っている言葉である」ということになります。

ちなみに、「たほいや」は、「辞書などでみんなが知らなそうな言葉を探し、意味をでっちあげて楽しむゲーム」で、1990年代に広まりました。元々の意味は、「イノシシを追うための小屋」を指す言葉だそうです。

改めてページを戻して、「たほいや」という言葉を眺めてみてください。今度は違ったイメージが頭の中に浮かんでくるはずです。

すごく単純ですが、これが「わかった・わからない」の違いです。

ONE POINT

言葉の意味がわからないとき、頭の中は「文字だけ」！

会話を「絵にする力」は、誰でも持っている

物語が読めたら、「絵にする力」がある

自分にとっての「わかった」「わからない」は、頭の中で、絵訳（イメージ化）できるかどうかを基準にしてみるとよいのです。

・絵としてイメージできる＝理解できている
・絵として想像できない＝理解できていない

と言って間違いないでしょう。たとえば物語を想像してみましょう。以下は、みなさんもご存じでしょう、ももたろうの一節です。

おばあさんが川でせんたくをしていると、ドンブラコ、ドンブラコと、大きな桃が流れてきました。

みなさんは、どんなおばあさんを想像していますか。

・どんな川で、どうやって洗濯している姿を想像していますか？
・着物のような服装の上に白いかっぽう着でしょうか？
・もんぺのような姿でしょうか？
・土手のある河原でしょうか？　岩が転がる河原でしょうか？
・反対側までジャンプできそうな小川ですか？　大きな川ですか？

・手でもみ洗いしていますか？　洗濯板をつかっていますか？

同じ、「おばあさんが川で洗濯している」姿でも、読む人によって千差万別な想像をするのではないでしょうか？

色々なおばあさんがいてもよいし、色々な河原があってもよいのですが、とにかく河原にいると、上流から大きな桃が流れてくる、という様子が想像できれば、このお話を理解して先に読み進むことができます。もし、

・「せんたく」が「洗濯」であることがわからない
・洗濯は洗濯機がやるものだとしか知らない

という人がいたら、そもそもおばあさんが川で何をしているのか？　が想像できないかもしれません。でも桃太郎においては、そこはわからなくても大丈夫ですよね。「川」がなんだかわからない場合、「大きな桃が流れてくる」がわからないかもしれ

イメージ化の度合いで読めることが変わる

ないので、読み進めるにはちょっと困るでしょうけれど。

このように、**物語も頭の中である程度のイメージ化（絵訳）ができることが、読み進めるためには必須**なのです。

ちなみに絵本は、この理解を進めることをやわらかく助けてくれます。「絵本を読み、楽しむことを知ったうえで、絵のない本を読むようになる」というプロセスを踏んでいくわけですが、とても理にかなった学びのステップだったのです。

遠慮なく質問できる人になる秘訣

基本的にはみんな、無意識でこの動作をやっています。

おそらく、「ストーリーがある」「登場人物がいる」というような場合、具体的な情景が伴う場合には、絵訳しやすいと思います。ですが、説明文や論説文などのジャンル、より抽象的な話になると一般的に絵訳は難しくなります。「絵」ではなく「概念」の世界になるからです。

たとえば、次の文章を読んで頭の中で絵訳してみてください。

この製品は顧客ごとにカスタマイズされています。出荷前には、仕様書を出力し、仕様通りかどうかを必ずチェックしてください。

さあどうでしょう？　この文を読むと、とりあえず、「製品を目の前に、何かの紙を見ながら何かを確認する図」が想像できるでしょうか。

想像がここにとどまったまま、「わかりました」と返事をしてはいけません。実際の出荷作業では困ることになります。たとえば、

・この「仕様書」なるものはどうやって出力するのでしょうか？
・チェックする項目はどの程度詳しく書かれているのでしょうか？
・チェックしたらどうすればよいのでしょうか？
・何か1項目だけ仕様と合わなかったらどうすればよいのでしょうか？

自分が作業している姿を想像し、細かく絵にしていくと、どんどん疑問が出てきます。この疑問をそのまま伝えます。**自分の頭の中にある絵の不明点をそのまま伝えれば、それが立派な質問になります**。

言葉遣いや用語を気にする必要はありません。気にしたところで、大して伝わり方に違いは生まれません。言葉の選択も含めて相手にぶつけるのが質問です。

いつもすべてがわかるわけではありません。読んだり聞いたりした文章が十分ではない可能性もあります。

でも、「わかったこと」を絵にすることを通し、「わからないこと」が何なのか、をはっきりさせることができるのです。**「わからない」となれば、それについて質問することもできます。**

堂々と、「わからない」と言っていいんです！

そう、周りから信頼されている人は決して、すべてが「わかった」という人ではありません。「わからない」ことについては質問できる人なのです。

私たちは、説明されているのに、「わからない」と言えず、かといってわかったわけではないので、もじもじしてしまったりすることもあります。

もう、遠慮する必要はありません。信頼される人は「わからない」と言っているのです。そして、質問を通して、理解を深める人なのです。

ONE POINT

中途半端なイメージのまま、「わかった」と答えるのはやめよう。

絵訳の７つのレベルで理解度をチェックしよう

「個別・流れ・抽象」で絵訳のレベルが変わる

さて、絵訳の話をしていると、

「『バナナ』ならバナナの絵が頭に浮かぶけど、本を読んだり、仕事上の指示を聞いたり、指示を出したりするのはまた別ものでしょう？　これってあくまで小さい子ども向けの考え方ですよね」

と言われたりします。

確かに、

①「個別の事物」を絵として想像できること
②「物語の流れ」を想像できること
③「抽象的な論説文」を理解できること

これらは、一見、完全に別のものに見えるかもしれません。でも、共通点もあります。

「どれも、頭の中でしっかりイメージすることで、理解が進む」

つまり、「バナナ」をイメージする場合も、もっと複雑なこと、抽象的なことをイメージする場合も、自然と色々な形でイメージとして想像しながら理解を深め、物事を処理しているのです。

ただし、**理解度にはレベルがあります。**私は絵訳をベースに、次の7つの理解度を設定しています。

レベル1　「単語」をイメージ化できる
レベル2　「位置関係」までイメージできる
レベル3　「重要性」をイメージ化できる
レベル4　「時間の流れ」をイメージ化できる
レベル5　「バラバラな情報をつなげて」イメージ化できる
レベル6　「マニュアル化」して、誰かに伝えられる
レベル7　抽象的な内容をイメージ化し、言語化できる

絵訳を実践するうえで、自分がいまどのレベルにあるのかを理解しておく必要があります。レベルによって、イメージの描き方も変わってくるからです。絵訳の具体的なメソッドは次章で解説するので、ここでは、1つひとつ、何ができたらそのレベルにあるか、自分が今、どこまでできるか確認してみてください。

レベル1
「単語」をイメージ化できる

1つの言葉、それも具体的に存在する事物を読んだり聞いたりしたときにしっかり絵訳（イメージ化）を通して正しく理解できる段階です。

たとえば「コーヒー」という言葉で、あなたは頭の中にどんなイメージを描きますか？

・コーヒー豆の絵でしょうか？
・挽かれたコーヒーの粉末でしょうか？
・コーヒーカップに入ったコーヒーでしょうか？
・コーヒーメーカーでしょうか？

ここでの**ポイントは、「自分なりのコーヒー」をイメージできたかどうか**です。

そして人によって想像したイメージは異なると思いますし、「コーヒー」と言われ

「1つの単語」でもイメージはいろいろ

ただけでは、豆なのか粉なのか、カップに入ったコーヒーなのか、わからなくて困った、という方もいらっしゃるでしょう。

この「わからなくて困った」が次のレベルへの大切な感覚です。実際には普段の生活でも頻繁にあるはずなのに、なんとなく流してしまっていませんか？　日常的にわからなくて困るようになったら次のステップに進みます。

レベル2

位置関係までイメージできる

複数の具体的な事物を、位置関係まで含めて絵訳（イメージ化）することで、全体イメージをつかめている段階です。複数の事物は並列であり、純粋にその位置関係を理解する段階です。たとえば、

「森の中の、草地になった少し開けた場所に、赤い車が止まっている」

想像できたでしょうか？

ぜひ実際に絵にも描き起こしてみてください。絵がうまいか下手かなんて関係ありません。何がどこにあるか？　だけを気にしてください。

いかがでしたか？

「森、草地、赤い車」をイメージすることができれば、この段階はクリアです。

そして、たとえば、車の形はどんなだろう？　森にはどんな木がどのくらいの数あるのだろう、など、実際に描いていくと色々気になったと思います。

「位置関係」をイメージできる

なんとなく頭の中でイメージしているだけだと気づけないことで、いろいろ気になってしまったことがあるのではないでしょうか？

頭で描くだけでも、いろいろなことが気になるようになれば、この段階は卒業です。

レベル3
「重要性」をイメージ化できる

背景と中心的なもの、といった複数の階層の事物を位置関係や重要性まで含めて絵訳（イメージ化）を通して正しく認識できる段階です。

物語の中の1シーンを頭の中に描いてみてください。

「きのうのことですよ」と、月がわたしに話しました。「わたしは、家にかこまれている、小さな中庭をのぞいていました。見ると、めんどりが一羽、十一羽のひなどりたちといっしょに寝ていました。ところが、そのまわりを、ひとりのきれいな女の子が、はねまわっているのです。めんどりはびっくりして、コッコッと鳴きながら、羽を広げて、小さなひなどりたちをかばいました。」

（アンデルセン『絵のない絵本』）

いかがでしたか？　背景となる「家に囲まれている小さな中庭」、中心となる「跳

「重要性」をイメージできる

ね回る女の子と十一羽のひなを守ろうとするめんどり」を描くことができたら、この段階はクリアです。

このような力は、小学校低学年あたりまでの子どもの話を聞くことで、トレーニングできます。

保育園や幼稚園であったこと、学校であったことなど1日の中で起きたことを聞いてみてください。子どもの話は、本人が話したい部分から始まるので、状況が見えないことが多くあります。それを、丁寧に質問しながら聞いていく。これが理解のトレーニングになります。また、話す子どもにとっても説明力を鍛えるまたとないチャンスとなります。

レベル4
「時間の流れ」をイメージ化できる

時間と共に変化する物事を整理することができる段階です。

ここからは、「変化していくもの」を扱います。「絵だけ」である必要はありません。言葉が入ってもよいです。**4コマ漫画くらいのイメージで取り組んでみましょう。**

ここでは、「初めて家に遊びにくる友人に、自宅の最寄り駅から自宅までの道順を教える」という状況を考えてみてください。簡単な地図のようなイメージで絵訳（イメージ化）できるでしょうか。目印や距離感など、気になってくることがあると思います。

こちらも描いてみると意外と、わからないことが出てきます。

・いつも曲がっている角には何があったか？
・そもそも自宅の目印ってなんだろう？

「時間の流れ」をイメージできる

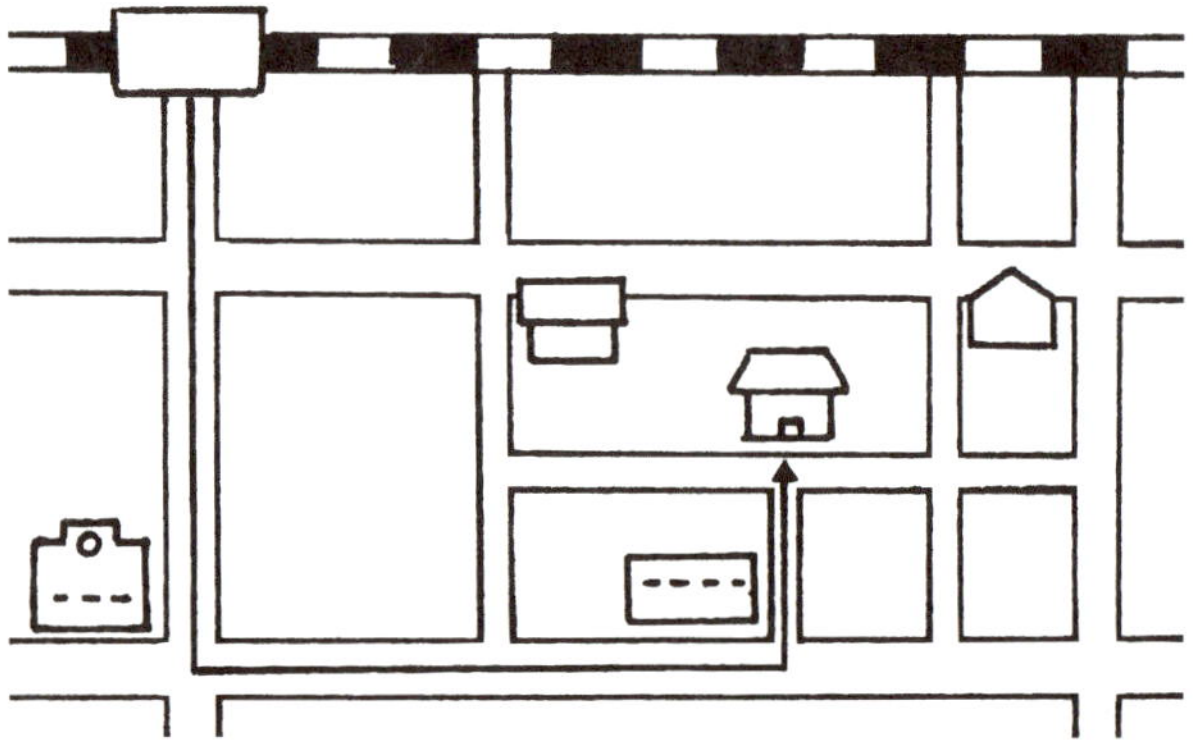

今まで同様、「わからないこと」を大切にしてください。

うまくできなかった人は料理の手順を説明するとよいトレーニングとなります。普段、何も見ずに作るような得意料理をレシピ化してみてください。自分では意識せずにやっている部分をどこまでわかりやすく説明できるかがポイントです。

レベル5
「バラバラな情報をつなげて」イメージ化できる

複数の基準でバラバラな情報を理解できる段階です。日別、商品別の売り上げ記録を表などに整理すること、複数の道順を簡易的な地図にして、最短距離を検討できること、などができていきます。


たとえば、最寄り駅から自宅までの道順を複数書き出してみてください。

通りなれた道は、本当に最短距離でしょうか？

最短距離だとしても、初めての人でも迷うことなく来られるでしょうか？

ぜひ検証してみてください。


これも描こうとすると、色々と気になること、不明な点が出てきます。

「普段通らないけれど、ここに道があった」

「ここは歩けばよいが、自転車では無理だ」

決まりきった条件下では「わかった」はずのことが、**複数の条件が追加されること**

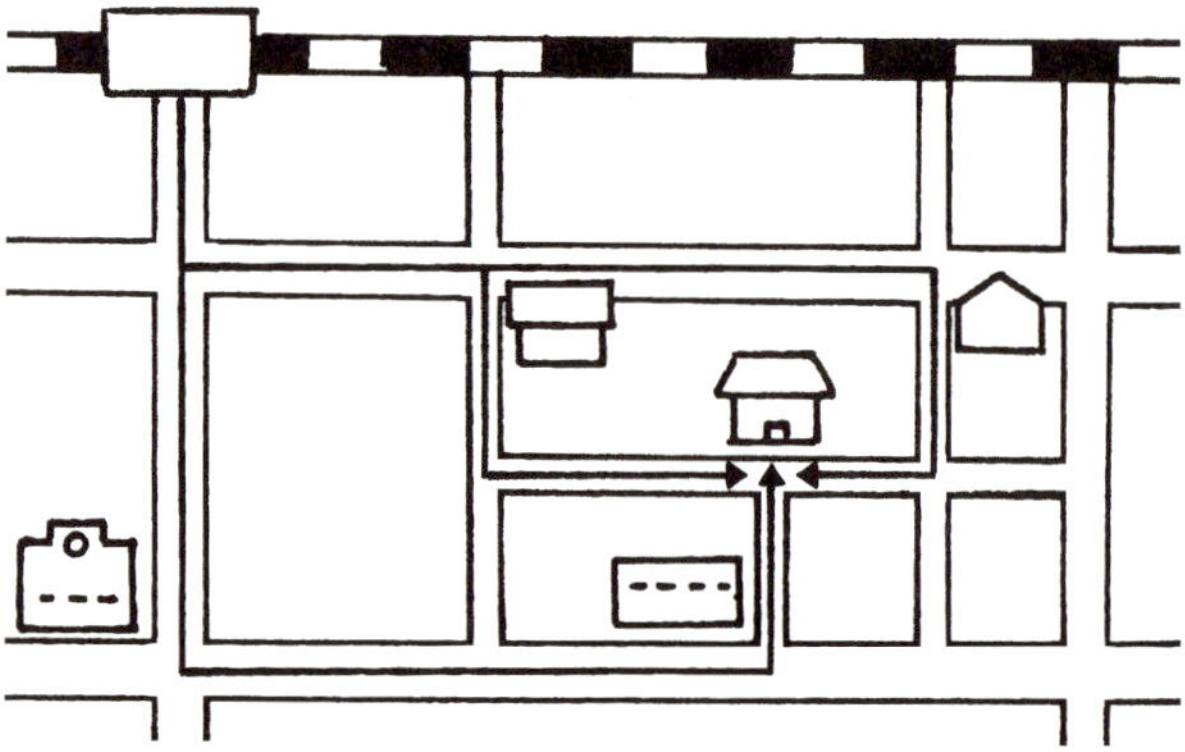

で、**突然わからなくなる**ことがあります。

いかに普段、わかっているようでわかっていないことがあるか、ということが明らかになります。

もちろん、わかっていなければいけない、ということではありません。「わからないことがある」ということを認識しておくことが大切です。

レベル6 流れのある事象を細分化し、わかりやすく説明できる

大きな流れを、オブジェクト化（場面や役割などで1つの単純な動きに分けること）して整理できる段階です。**一連の作業をマニュアル化したり、今まで人が行ってきた作業を機械化、システム化できます。**

たとえば、「出荷のために、棚から必要な商品を1つの箱に集める作業」を想定します。

この作業をばらしてみましょう。

①集めるべき商品のリストをチェックする
②その商品が倉庫のどこにあるか確認する
③それぞれの倉庫内での配置から、移動距離を計算する
④どの順番で回ると総移動距離が一番短くなるかを検証する

マニュアル化できる

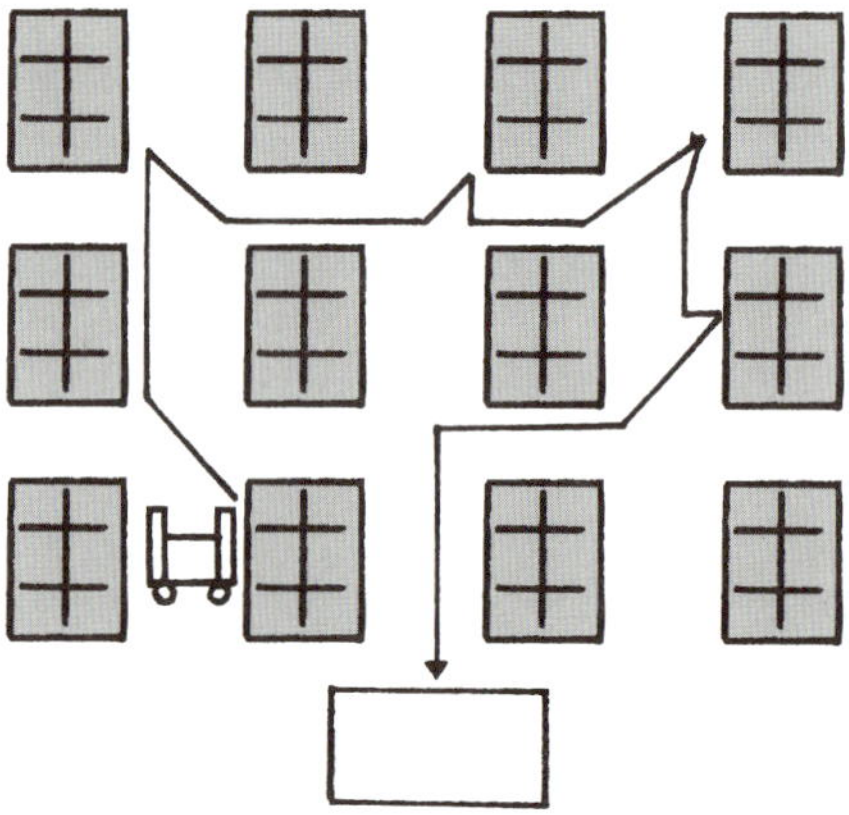

これができてようやく、ルートが決まります。

実際には、それぞれの部分をさらに細かく分けることもできるでしょう。1枚の絵でイメージできるように分けていくと、この作業はしっかりと細分化されることになります。

レベル7
抽象的な内容をイメージ化し、言語化できる

抽象的な考えを、具体化し、他者にわかりやすく説明できる段階です。逆に、複数の具体的な事象あったときに、**共通点を見つけて、抽象的な1つの考え方にまとめる**ことができます。

たとえば、就職活動や転職活動を考えてみます。

なんとなく今の仕事に納得できていない、満足できていない、という状況がある場合、具体的に何に満足できないのかを考えていきます。自分が満足できなかった瞬間を絵訳（イメージ化）していきます。

「しっかりできた」と思った仕事が評価されなかった瞬間でしょうか？

誰かと比べられて評価された瞬間でしょうか？

振り込まれた給与を見た瞬間でしょうか？

複数の瞬間がある場合、それを描き比べてみてください。**共通する不満ポイントを探してみます**。今回なら、「評価されていないと感じたとき」となるでしょうか。

逆もあるでしょう。紹介された会社が、今の会社よりよく見える場合です。両社を絵で表現してみましょう。働く人の様子や、仕事そのものをイメージ化できますか？　しっかりイメージしたうえで、就職先、転職先を考えてみてください。幸せは給料の高さだけではないのはもちろんでしょうが、人によって幸せだと思うポイントは異なるはずです。

このように「抽象と具体」を明確に区別し、それぞれに行き来できるレベルが絵訳で目指すゴールとなります。

ONE POINT

イメージがはっきりしてくると、
難しいこともラクに考えられる。

「わかったつもり」ほど残念なことはない

大人ほど、「わかったつもり」にハマっている

私は普段、「わかったつもり」に気づくトレーニングを小学生から高校生に行っています。大人になってからこうしたトレーニングをすることには懐疑《かいぎ》的な見方もありますが、**高校卒業以降の大人にも有効なトレーニング**です。

なぜかというと、大人のほうが「わかったつもり」にハマり、それによって苦しんだり、困ったりしている場合が多いからです。

とくにいま挙げたレベル1～7の段階でいえば、レベル1～3はできても、それ以

昭和医療技術専門学校で絵訳を教える筆者

上の絵訳が苦手という人が多い印象です。

さまざまな場所で絵訳の話をしていますが、中でも一番長く、しっかり携わっているのが、東京都大田区にある昭和医療技術専門学校です。

この学校は、3年制で、臨床検査技師という国家資格取得をめざす学校ですが、**全国で唯一、3年生全員がこの国家試験に合格し、卒業資格を得る学校**です。

国家試験合格の一つの基礎が、私たちが担当している「日本語表現法・日本語思考法」という講義です。

医療系のため教科書には、専門用語も多く、きわめて理解が難しい部分もあります。

そのため、

「教科書や練習問題と同じような聞き方をされると正解できるが、国家試験で、少し異なる問題の出され方をされると、正答できない」

という学生が一定数いました。「わからないことがわかっていない」という状態です。

そこで講義では、絵訳を通して「わかったつもり」を明らかにし、理解を深めるトレーニングを行っています。すると、**「異なる質問のされ方をしても、正答できる」**ようになるのです。

ちなみに、質問のためのテクニックもノウハウも一切教えていません。教えているのは絵訳のメソッドだけです。

自己理解が深まり、学び続ける力になる

余談ですが、就職をめざす3年生には、絵訳を使った自己理解のトレーニングもしています。

具体的には、志望理由や小論文を書くために、自分自身について「わからない」部分を明らかにし、それについて自問します。単なる就活テクニックとはちがう文章指導です。そのおかげか、就活はもちろん、**働き始めてからも、学び続ける人が多くいる**と聞きます。

これは同専門学校にかぎった話ではありません。

小学生から高校生までを考学舎で過ごした卒業生も、社会の多くの場所で学び続け、ビジネスマンから、演奏家、写真家、映画監督、バレエダンサーなど、自分自身を修

正しながら成長し、その道のプロになりつつあります（一般的に言えば、もうプロとして活躍している人も、常に進化し続けている、という意味で「プロになりつつある」と言わせて頂いています）。

こうした経験から言えることは、**大人も「絵訳」を通して「わからない」を明らかにする質問をすることで成長できる**ということです。特に、これまでに意識的に「絵訳」をしたことがない人は、効果を実感しやすいはずです。

大人になり、ある程度、年を重ねてくると、世の中の大半のことをわかったように感じることがあると思います。

でも、本当にそうでしょうか。落ち着いて見直してみるとはっきりしないことも多くあると思います。

「何を悩んでいるのか」「どこに問題があるのか」「どうすれば解決できるのか」など、仕事や人生における課題に向き合うためのヒントが、「わかったつもり」には隠れているかもしれません。

「わかったつもり」は人生を迷走させる

ここまでは、仕事を中心に「わかったつもり」を解説してきましたが、当然、プライベートでも同じことは発生します。

たとえば親子関係においては、もっと長期にわたる「わかったつもり」が発生します。

次の話は、少し前に生徒から聞いた話です。彼（生徒：浩二）にとっては小学4年生のころのこと、親との間に受験の話が出たそうです。

親　「浩二は、中学校どうしたい？　やっぱり今のまま公立に行くのは少し不安かな？」

浩二「うーん、わからない。そういえば、クラスでも公立は不安だから受験するって言ってるやつもいる」
親「だよね、やっぱり不安だよね、じゃあよさそうな中学校を探してみようか」
浩二「うん、でも公立でもいいかもしれないけど」
親「そうよね、公立でもいいかもしれないけどやっぱりね。今度お母さんと中学校見に行こうね」

と中学を見学しに行くことになります。

すると今度は、

「受験するならもう少しちゃんと塾いかないとね。A塾とB塾どっちがいいかな？まずはどちらも体験に行こうか」

と塾選びが始まりました。

浩二君はなんとなく違和感がありつつも塾通いをはじめます。6年生になっても浩二君にはなんとなく受験なのか公立に進学するのか決め切れないままだったので、今一つ勉強に身が入らないままでした。

親「受験すると決めたのに、やる気はあるの？ 塾に行っているだけじゃダメなんだよ」

と言われるようになります。

6年生の夏休み明け、浩二君は思い切って言ってみました。

浩二「僕はまだ受験するって決めたわけじゃないと思うんだけど」

親「今さら何言っているの？ 浩二が『公立は不安だ』って言うから中学校見に行って、塾にも行くようになったんでしょう？ 大丈夫、成績は伸びないときがあっても頑張り続ければまた伸びるから。あきらめず、がんばりなさい」

なんとなくすっきりしないまま受験がやってきてしまい、滑り止めと言って受けた私立中学になんとか合格し、進学。中2になったとき、どうにも学校になじめない日々の中で考学舎にやってきました。

浩二君も受験する、ということについてはっきり理解できないままに、塾に通い、よくわからないままに進学先を決めた。本人は、「決められた」と言います。親御さんに聞くと、浩二君が望んでいると思って中学受験準備を進めたと言います。

さて、どこからずれてしまったのでしょうか。

この親子は、**わかったつもり、で5年余りも過ごしてしまった**ことになります。

親御さんは、いつのころからか、浩二君が受験をしたがっている、と思っています。浩二君はずっとモヤモヤしながら受験し、中学に進学しました。その結果、中学校でも居場所を見つけられないままに2年目となってしまったのです。

おそらくは、親御さんは、良かれと思って少しずつ、浩二君を受験する気持ちに導いていったのです。

でも、どのタイミングでも、しっかりとした確認（言葉にしての質問）をしないまま進んだのでしょう。浩二君も自分の理解、自分の意志をしっかり確認できないままに進んでしまった、ということに今回気づきました。

わかったつもり、は人生を変えてしまうこともあるのです。

どんなタイミングでも遅すぎることはありません。気が付いたら、気になったら、立ち止まって、**自分の理解を確認することは、自分の意志を確認すること**にもなります。

ONE POINT

自分の人生に自信がある人ほど、「わからないこと」がはっきりしている。

第2章

質問力を高める絵訳の技術

——「信頼される質問」のためのステップ

誰とでも会話がはずむ絵訳の使い方

絵訳の2つの段階

「習うより慣れろ」です。
この章では「絵訳」で、具体的に何をすべきか、ステップに分けて解説します。
絵訳は大きく2つの段階に分かれます。

①「言語情報」を、イメージ化する段階（理解の段階）
②イメージ化したことを、使える知識にする段階（言語化の段階）

この流れをステップに分けて説明します。自分が見たことや体験したことについては、すでにイメージからスタートしますので、後半の「説明・言語化」だけを行うことで理解を深めることができます。

ここから手順を説明していくわけですが、どの部分においても常に大切にしてほしいことがあります。

各ステップの内容ができるかどうか、より、やってみることで、「うまくできない」を発見することを大切にして頂きたいのです。どのステップにおいても、「ここの説明通りにはできない」ということがあるはずです。それを発見してください。

「説明通りにできない」すなわち、「わからない」です。

そう、この説明通りに進められない部分は「わからない」ことなのです。「わからない」を発見したらそれを確認し、質問することで、「わかる」に変えていきます。

よくわかったと自信を持つための「理解の段階」

では、実際にはどのように理解を深めていけばよいのでしょうか。

基本はとてもシンプルです。読んだことや聞いたことをとにかくイメージすればよいのですから。でも、実際にはそれだけでは対応できませんよね。

ステップに分けつつ、実際に理解を深めていく手順をご説明します。

理解を深めるステップ①

文章を始めから終わりまで、通しで読む（聞く）

まずは、必要な文章を最初から最後までしっかり読んだり、聞いたりします。ここで、道は大きく2つに分かれます。

① 全体として、何の話かわかるとき
② さっぱり何の話かわからないとき

です。全体としてわかるとは、「少なくともその話のテーマは○○だ」と言葉にできるときです。逆に、「全体として何の話かわからないとき」とは、テーマすらよくわからない状況です。

ここからは次の文章を使って、「理解から言語化までのステップ」を紹介していきます。

この製品は顧客ごとにカスタマイズされています。出荷前には、仕様書を出力し、仕様通りかどうかを必ずチェックしてください。

この文章を読んで、全体として何の話かわかったでしょうか。おそらく、難しいのではないかと思います。それは「この製品」という指示語で始まっていて、何の話かが判然としないからです。

まずは、「全体として何の話かわからない」という状況を、「この話のテーマは○○だ」という段階まで次のステップでしっかりと理解していきます。

ONE POINT

まずはテーマを把握する!

知らない言葉の大掃除

1 全体として何の話なのかわからないとき

理解を深めるステップ②

「知らない言葉」を探す

まずは、知らない言葉、わからない言葉、頭の中でイメージ化できない言葉を探します。もし、「わからない言葉はない」と思ったら、**1つずつ簡単でよいので実際に絵にしてみます**。もし絵にできないものがあれば、わかっていないし、すべて絵にできれば理解できている証拠です。

今回の例では、「この製品」と「仕様書」「出力」の3つをわからない言葉として取り上げます。

「知らない言葉」をイメージ化する

知らない言葉、わからない言葉を見つけたら、調べます。

紙の辞書をひいてもいいし、誰かに質問してもよいし、インターネットで調べてもかまいません。ポイントは、**「簡単な絵に描けるか」までをきちんと調べること**です。

今回は社内的な内容なので、周りの聞ける人に質問したとしましょう。

「この製品、とはどの製品のことでしょうか？」（↓製品を見せてもらう）

「仕様書、とはどのような書類でしょうか？」（↓仕様書を見せてもらう）

「出力はどうやればよいのでしょうか？」（↓出力を実演してもらう）

理解を深めるステップ④

「知っている言葉」のイメージを確認する

意外と盲点になるのが、「知っている言葉」です。話の全容がつかめないときは特に、**知っている言葉についても、頭の中でイメージしたり、実際に絵に描いたりしてみてください。**

絵に描こうとしたところで、「あれ？　描けない、想像できない」となるものは、やはり「わからない」言葉です。

今回の例では、「出荷前」に着目してみます。ほんとうに絵にできるでしょうか。

「段ボール箱などに梱包する前なのか」

「その一段階前の完成の棚に置く段階なのか」

という疑問がわいてきませんか（今回は、「段ボール箱に梱包する前」とします）。

後からこうした疑問が出てきたときは、1つ前のステップ3に戻って、曖昧な言葉について追加で調べます。

すべての言葉のイメージができるようになったら、次のステップです。

もう一度全体を読む

もう一度、文章全体を読んでみます。全体として何の話か、テーマがつかめると思います。もしまだテーマがつかめない場合は、もう一度ステップ①に戻ってみましょう。

テーマどころか、もしかしたら、その筆者や話者が何を言いたいのかまで、わかってしまった、イメージできてしまったかもしれません。

今回の例でいえば、

「出荷前に仕様書通りに確認しないといけないのは、顧客ごとにカスタマイズされた製品なので、間違った製品が顧客のもとに届くのを事前に防ぐため」

↓

「ということは、最終チェックがあるからと、今までの製造工程ではチェックが不十分かもしれないから、ここで厳しくチェックしないと、大変なことになるかも」

というところまで理解を深めることができるかもしれません。

ONE POINT

「わからないこと」をはっきりさせることで、理解度を高めていく。

場面を映像化する

2　全体として何の話か、なんとな〜くわかった場合

理解を深めるステップ⑥

「１コマか、複数コマか」イメージする

次に、頭の中で話をイメージして、さらに理解を深めていきます。
読んだり聞いたりした話を、次のどちらかに分けます。

①「何か１つのこと」を扱った話

②ストーリーや工程など「流れや動き」のある話

前者であれば、話を1コマ（1枚の絵）に表現します。後者であれば、複数のコマ（絵）で場面ごとに表現します。

「1枚」であれば次のステップへ、**「複数の絵」であれば、何枚の絵で表現できるのか**を考えます。

1枚でまとまりそうなら1枚にまとめるのがベストと思うかもしれませんが、「AならばB」のような説明を**「AとB、それぞれ1枚の絵」**で表現するのも悪くありません（説明文や意見文〈論文〉など）。

物語などの場合は、「**場面がいくつに分けられるのか**」を考えてみてください。ここでは厳密に分ける必要はありません。なんとなく簡単なパラパラ漫画のように場面転換をイメージしましょう。

今回の例でいうと、次の3段階に分けられます。

①顧客ごとにカスタマイズされた製品の到着
②仕様書の出力
③仕様書通りかのチェック

理解を深めるステップ⑦

「それぞれの絵」をイメージする

1枚絵か、複数の絵か、どちらかに分類されたら、実際にイメージにしてみます。

頭の中で想像するだけでも構いませんが、ぜひ実際に絵に描いてみることをお勧めします。絵が上手になることが目的ではありませんから、人は棒人間でかまいませんし、完全に絵で表現できない部分には言葉が混ざっても構いません。

各シーンを1つずつ、簡単でよいので絵として描いてみます。

慣れてしまえば、頭の中でイメージするだけで先に進めるようになります。

頭の中のイメージを簡単に絵にする

層に分けて、中心を探し出す

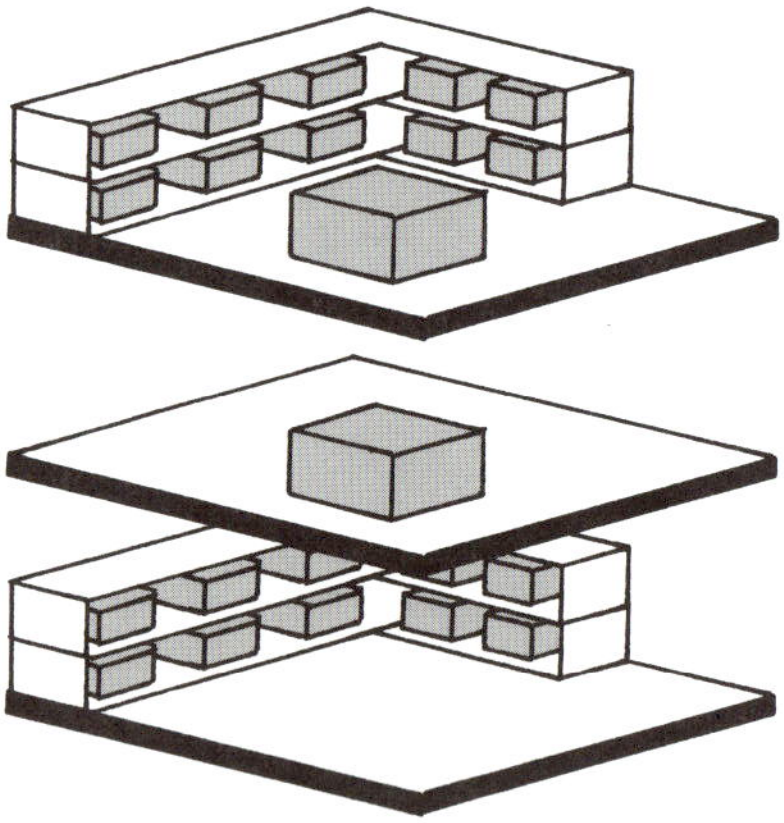

理解を深めるステップ⑧

「層」に分ける

次にそれぞれの絵を、必要に応じてもう少し細かく分解していきます。

この時に考えることは「階層」です。それぞれの絵の中心になるのは何で、その背景にはどんなことがあるのか。

2階層ですむ場合もあれば、3階層、4階層の表現が必要になるかもしれません。

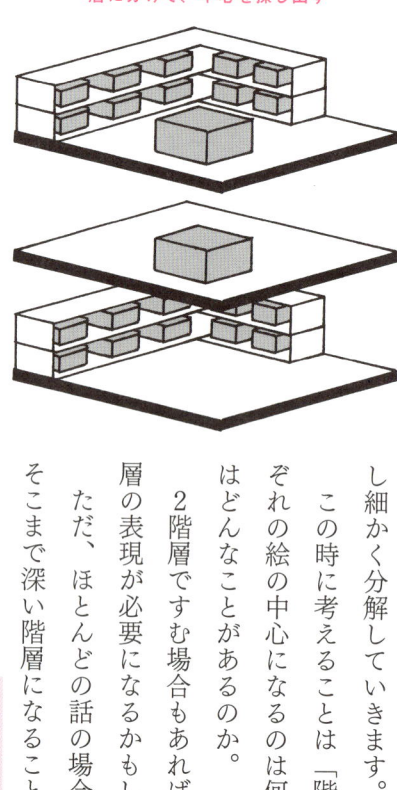

ただ、ほとんどの話の場合、描いてみるとそこまで深い階層になることはありません。

この作業では、**「中心」を探すことがの目的**です。2階層目以下はそんなに細かく気にしなくてもよいのです。中心を確認し、その部分だけ、少し詳しい絵にします。

今回の例でいうと、たとえば、今いるのは「倉庫」のような場所だと想定できるので、背景を倉庫の風景にすることで、階層が出来上がります。

理解を深めるステップ⑨

「要素」に分ける

中心を、必要に応じて、要素に分解します。これは、中心について、詳しく、そして正確に理解するためのプロセスです。

たとえば、「ボールを投げる」というときです。話を場面に分けた際、ボールを投げているシーンが1枚の絵であればよかったかもしれません。でも、もしこの投げ方がとても詳しく説明されており、どうやら話の中で重要らしいとなれば、投げるという動作を、説明されていた文章に応じて、振りかぶるイメージと、投げおろすイメージ、いや、場合によってはこの振りかぶるイメージをさらに、細かく分けていく必要があるかもしれません。

よく、間違えのもととなるのが、作業の説明などを受けた際に、「要は○○すればよい」と勝手なまとめ方をしてしまうときです。**もっと細かく説明されていたはずのことを、あまりに簡単にまとめてしまうと、重要なポイントを逃してしまう**ことになります。

細かく説明されている部分では、それに応じて、要素に分け、**場合によっては場面を増やしていくことが正しい理解において大切なポイント**です。

今回の例でいうと、「仕様書のチェック」について、出力する順番や内容をより細かく分解し、要素として詳細に場面分けする必要があります。

理解を深めるステップ⑩

「要素の関係」を整理する

要素に分けたら、その関係を確認します。

分けた要素が1つずつ、順に発生する場合には、難しいことはありません。しかし、分けてみたところ、条件によって発生が異なる要素があったり、複数の流れがある場

要素の関係を整理する

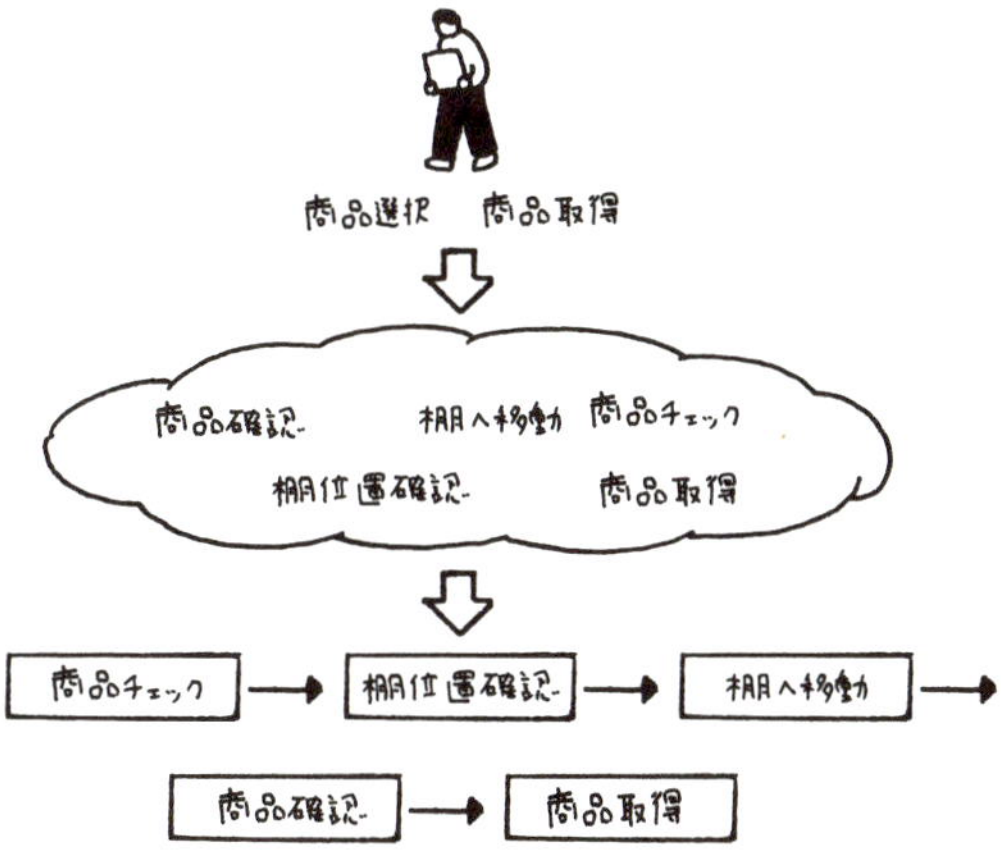
商品選択
商品取得
商品確認
棚へ移動
商品チェック
棚位置確認
商品取得
商品チェック
棚位置確認
棚へ移動
商品確認
商品取得

合もあります。

その際には、**「要素同士の関係」をしっかり絵や図に表します**。分岐の矢印や、条件分けによって、どのようなことが起こるかなどを整理しておくことが大切になります。

今回の例でいうと、「仕様書のチェック」が一通りあるとしても、仕様書に適合しなかったらどう対処するかなど、条件分岐を考えたほうがよいポイントがありそうです。

余談ですが、この要素分解は、プログラミングの世界では「オブジェクト化」と呼ばれます。プログラミングでの最小の作業は、電流を流すか止めるかです。普段のプログラミングではここまで細かいことは考えませんが、1つの作業をある程度細かく分けていくことで、作業手順がはっきりし、その次に進むための条件が決まり、同じ動きは繰り返させることで効率よくわかりやすいプログラムになります。

　ここまでできると、かなりきちんと「出荷前の仕様確認」の手順が理解できた、と思えるのではないでしょうか。こうした単純作業の場合、「簡単だから」と甘くみて作業を安請け合いし、その後、「十分なチェックがされていなくて、怒られる」ということはよくあることです。

どんなに些細な作業・仕事でも、このステップを踏み、きちんと理解することが、確実な作業を可能にし、周囲の信頼を勝ち取るためのきっかけになるのです。

「わからない」という感覚に敏感になる

　段階に分けて、色々なことをご説明してきました。結局、理解を深めるために一番大切なことは何か、と言われれば1つに絞ることができます。

　それは、**「わからない」を発見し、それについて、謙虚に質問すること**です。

「わからない」にもいろいろな種類があります。

「使われている言葉の意味を知らない」
「説明が足りずに、内容をイメージできない」
「説明自体は十分でも、背景を知らないために理解できない」

など、「わからない」の原因を考えても、聞き手に原因がある場合もあれば、話し手（説明している側）に原因がある場合もあります。それでも、どんな場合にも、「わからない」は共通しています。

「わからない」に気づいたら、「なぜわからないのか」「どこに原因があるのか」よりも、「今、自分はわかっていない」という自覚を持つことが大切です。そうすれば、相手に「わからないので、より詳しく説明してほしい」という謙虚なスタンスで質問できるし、理解を深め、相手と信頼関係を築くことができるのです。

ONE POINT

まず、「今、自分はわかっていない」
というポジションをとる。

これで完成！信頼されるフレーズ

ややこしい話とはおさらば！「言語化の段階」

絵訳は、文章や言葉で読み聞きしたものを、絵に換えて理解して終わりではありません。その先に、その理解を言葉にすることで、再現性あるものにする段階があります。ここからは、イメージできたものをどのように再び言葉にしていくか、について説明していきます。言葉にすることで、初めて発見できる「わかったつもり」もあります。

言語化のステップ①

全体像を「一つの文」にする

まずは、全体像を簡単な1文で表していきます。すべてを1文で説明できることは少ないと思いますが、これは何についての絵なのか？　テーマを探すように考えていくと言葉にしやすいです。

コツとしては、

「これは、出荷検査についての説明である」

「これは、売上集計に関する説明である」

のように、「これは、○○についての説明である」と○○に当てはまる言葉を考え、あてはめると、一文にまとめやすくなります。

言語化のステップ②

「イメージの目的（結論）」を決める

イメージは「何のために描かれたものなのか」を考えます。

「出荷検査の効率化のため」なのか、「出荷検査のミスを減らすため」なのか、「出荷検査を通して品質向上を図るため」なのか。少しでも「わからないこと」があれば質問して確認しましょう。

ここでは「出荷検査の効率化のため」とします。

言語化のステップ③

「説明のポイント」を選ぶ

目的（結論）を説明するために、「絵のどの部分を説明するか」を決めます。説明するとわかりやすくなりそうな箇所を選びます。

「出荷検査の効率化のため」が目的なので、「そのポイントはどこにあるのか？」を探します。

「出荷検査の手順なのか？」
「チェックポイントなのか？」
「出荷検査をする際の、商品の置き方や見方なのか？」

全体図の中で、目的や結論に対してポイントになる部分を探します。ポイントが決まったら、結論に至る背景、前提や現状などを確認します。

「出荷検査をする際の、商品の置き方や見方」をポイントに置いたなら、「チェックする人によって、置き方や見方が違っていて、それによってチェックの抜け、漏れや、非効率な作業が発生しているため」など背景や前提、現状までを確認します。

言語化のステップ④

「結論→背景→説明→結論」で文章を再構築する

ここまでくれば後は、簡単です。

確認してきた「目的・結論から始め、その背景、そして、目的・結論に至った理由」を順番に説明していきます。目的・結論はごくシンプルに40字以内の1文で書きます。

「背景・現状」は、その課題をはっきりさせるために、何を取り上げるか、どこから説明をスタートするか、が大切となります。ここは、1枚のイメージからだけだと難しい部分かもしれません。

理由は、「なぜその結論に行きついたのか」がわかりやすいように、1つの理由に絞って詳しく書きます。

「理由は1つに絞れない」というケースもあるとは思いますが、「最大の理由は何か？」をしっかり突き詰めましょう。たくさんの理由を並列するより、1つの理由を深堀したほうが説得力も出ます。

今回の例でいうと、こうなります。

（結論） これは、出荷検査の効率化のための作業である。
（理由） 出荷製品は、顧客ごとにカスタマイズされた椅子で、間違った製品が顧客に届くことを防ぐ必要があるが、チェックに時間をかけたくない。
（説明） 出荷前に一括して、仕様書に従ってチェックする。
（結論） 出荷前のチェックで確認もれを防ぎ、工程ごとの確認の手間を省く。

言語化のステップ⑤

「足りないもの」があれば、足す質問をする

基本的には、ここまでで十分なのですが、それだけでは対処できない場合があります。

たとえば、もし今回の目的・結論が、ほかに影響を与える場合です。それを補足しておく必要があるでしょう。

また、他人の描いた絵・イメージから文章を起こす場合、絵・イメージからだけでは判断できないこともあります。

改めて文章を読み直してみてください。

・読んだだけで絵・イメージの内容を頭の中で再構成できますか?
・どこか抜けているところはありませんか?

文章から想像できない部分があれば、文章の中に書き足します。

今回の例でいうと、こんな補足を加えるとよいかもしれません。

（補足）
この製品はカスタマイズの選択肢が豊富なため、各工程でチェックしても、その後の工程で思わぬ変更が入る可能性がある。そのため、出荷前にまとめてチェックするほうが、確実にチェックできる。また、仕様書に従いチェックすることで、必要最低限のチェックで、効率的に、思わぬチェック漏れを防ぐことができる。

ONE POINT

少しでも「わからないこと」があれば、遠慮せず質問することが信頼につながる。

第3章

「最高の言葉」を絵訳で探す

——場面にピッタリの「伝わる言葉」がわかる！

「絵訳」を使えばどんな会話もスムーズになる！

絵訳上手なら、会話が続く、信頼される

ここまで、「絵訳を通して理解を深め、言葉にする方法」について、その考え方と実践方法をお話ししてきました。考え方、使い方はある程度、理解できたと思いますが、仕事や実生活のなかで使いこなすには、まだ物足りないと思います。

ここからは、４つのケースを通して、絵訳を日常生活で実践するコツを紹介していきます。

もうここまで読んだ人はお気づきと思いますが、**「絵訳」が役立つ場面はただ一つ、**

「わかったつもり」が起きているときです。その代表的なケースとして、この章では次の4つのケースを取り上げます。

①会話が不自然に途切れてしまう場合
②話し手と聞き手の認識がズレている場合
③話し手の話が曖昧な場合
④自分を深く理解したい場合

たとえば、就職活動や結婚、子育て、終活など、人生の節目で選択や生き方に迷ったときに、自分はどうしたいのか、どうすれば幸せになることができるか、その答えを見つけるのに役立ちます。

では早速、ケース①に入ります。

ケース①親子の会話

「相手が話を続けたくなる言葉」であいづち！

1つ目は、「親子の会話」の例を見ていきましょう。

実際に私が聞いた話を紹介します。

子　「今日学校でさ、体育の先生が突然、怒り始めたんだよね」

親　「先生が突然怒るなんて、なかなかないんじゃないか。お前か○○君あたりがまたなんかやったんじゃないのか？」

子　「いやいや僕は何もしてないよ。第一、僕たちとは関係のないところで怒ってたんだから」

親　「そうか、ならいいんだけどな」

と、もう話は終わりです。今回、**子は親を信頼できる話し相手にできませんでした。**

おそらく、子どもは「どうしてそんなことになったのか」を話したかったのでしょうが、もうその機会は失われてしまったのです。

このような「すれ違い」を避けるには、「絵訳」です。今度は、絵訳をしながら親子の会話を追ってみます。

子　「今日、学校でさ、体育の先生が突然、怒り始めたんだよね」

親　「先生が突然怒るなんて、何があったの？」

子　「それがさ、僕たちとはまったく関係のないことで怒ってたんだよ」

親　「関係のないことで？　それはとんだトバッチリだな」

子　「そうなんだよ。実はね……」

そう、このようにして絵訳の基本である**「まず相手の話を最後まで、内容を頭の中で絵訳しながら聞き、イメージを完成させる」ことで、スムーズな会話になる**のです。
途中で色々なことを思いついても、絵訳が頭の中で完成しないうちは、「絵訳を完成させる」（話を正しく理解する）ことに集中すれば、すべて解消できます。

こうやって話を聞くことができれば、「決めつけ」で「詰問してしまう」こともなく、「距離感の誤認」に気づくことができ、相手を「思いやった会話」が可能になるのです。

絵訳をすると、絵のあちこちに、「まだわからない部分＝黒か白の部分」が残っていることがわかります。頭の中で決めつけて詰問していたときとは違い、「自分がわからないこと」を素直に言葉にすることができるので、相手への攻めではなく、**自分への手助けとして質問をする**ことで、詰問ではない質問が自然とできます。これが信頼を生むポイントです

相手が話し続けたくなる言葉を探す

聞き手が勝手に作ったストーリーが、正しいとはかぎりません。「今まではこうだった」は子どもに対しては特に、まったくあてにならないのです。これは、絵訳を完成させるまで、「発言は控える」だけで解決します。

考学舎には8、9歳から18歳まで、10年にわたって通ってくれる生徒がたくさんいます。学校や家庭での問題から、友達や恋人の話まで、ありとあらゆる話をしてくれます。

常に、初めて聞くつもりで、話を聞きますが、私自身、時として、「もう結論見えたな」「あ、そういうことか」と勝手な解釈をしかかってしまうことがあります。こうなると、生徒の側では敏感にそれに気づき、話すことをやめてしまいます。でも、いつも必死に、「まだどうなるかわからない」「最後まで絵訳を完成させよう」と自分に言い聞かせることで、信頼に足る相手で居続けようとしています。

ケース②上司と部下

「伝わる言葉」で理解のモレをゼロに！

さて、次に考えてみたいのは、上司と部下の会話です。

部下から上司に何かを話す場合にはよく、「子が親に何かを話す場合」と近いトラブルが起きます。

これは、上司が感じている部下への距離感や部下の状況と、実際の距離感や部下の状況が異なるところから発生します。親子で発生するトラブルと流れは同じなので、ここでは、部下から上司に話すパターンは割愛します。

今回は、上司が部下に話をする場合の例です。この本の最初にも少し書きましたが、ここにも「わかったつもり」の典型例が発生します。

ではこちらも実例を1つ挙げてみます。
この上司は、初めて発注業務を扱う部下に対して、発注時の事務処理について話しています。

上司「今回の発注は通常発注だから、忘れずに発注システムに登録して、承認を得ておいてくれ。
承認を得た発注は、経理が請求を受け取った際に、発注した部署に確認せずに支払に回るが、発注承認がない場合は、請求が来てから承認処理となる。となると先方指定の支払期日に間に合わない可能性がでて迷惑をかけてしまうからよろしくな」
部下「わかりました。では発注登録しておきます。登録時、わからないことが出てきたら質問させてください」
上司「もちろん、いつでも聞いてくれ」
部下「ありがとうございます。」

この場はこれで終わりました。しかし1カ月後、発注先から請求が来た時にトラブルになってしまいました。

上司 「あの発注、承認されてないみたいだぞ、経理から問合せがきてるんだ」
部下 「すみません、発注登録自体は何のエラーもなくできたのですが……」
上司 「承認依頼ボタンは押したのか？」
部下 「いえ、承認依頼というボタンは出てこなかったように思います。なので、登録完了すればそれでよいのかと思ったのですが……」
上司 「初めてなんだから、あれ？ と思ったらその時点で質問してこなきゃだめだ」
部下 「すみません……」

こんな話、よくありますよね。

さて、なぜこうなってしまったのでしょうか？

部下は上司の「発注システムに登録して、承認を得ておいてくれ」という発言から、「発注システムに登録すれば、承認されたことになる」と思っていたのです。上司からは「承認を得ておく、ことが必要」と言われたわけですが、「承認は、自分とは関係のない話」だと思い込んでいたのです。だから、「登録」できた時点で、部下にとって「業務は終了した」のです。

・「自分の業務は登録したところで完了か？」
・「登録したら自動で承認依頼となるのか？」
・「承認の流れはどうなるのか？」

ということを少しでも想像し、言葉にできていたら、このトラブルは回避できた可能性が高いわけです。上司の側も、「承認依頼ボタンを押す」ところまで行うよう言

相手にも自分にもわかったふりをしない

葉にできていれば、部下は、

「そのボタンが表示されていないことが正常ではない」

「自分の作業は完了していない」

と言葉にできた可能性が高いでしょう。

これはまさに、どちらも、絵訳が不十分だった例です。まとめると、

上司＝説明する際に、しっかり絵訳したイメージをもっていれば
部下＝話を聞く際に、業務の最後までのイメージができていれば

それぞれ「おかしい」と思い、そこまでの説明ができたでしょう。

もちろん、これは、上司部下の双方にこの認識がなければ成り立ちません。上司は自分の説明をするにあたり、**しっかり絵訳したうえで説明する**ことで、「部下のわからない」を減らすことができますし、部下は、**話を聞きながら絵訳する**ことで、わからないをはっきりさせ、質問することができます。

上司のみなさんには、質問に対し、「快く説明を追加する」という態度が求められます。それがなければ、結局、部下は質問できずに、わからないまま作業を進めることになります。

ケース③ 役員と部下

「人を動かす言葉」で相手を引き込め！

次は、具体的な絵訳ではなく、少し抽象的な絵訳の話です。

日常のコミュニケーションには、具体的な話もあれば、抽象的な話もあります。今まで挙げた例は、どちらも、具体的に、状況や動きを想像できるような例でした。

しかし、人の話にしても、何かを読むにしても、**私達が理解しなければいけないことには、具体的に状況や動きを想像できないものも多くあります。**より「抽象的」な話です。たとえば、仕事の場では、こんなことがあります。

・売上
・健康管理
・会社のヴィジョン

この抽象的な話にも、絵訳は有効です。

抽象的な話の場合にも、当然ではありますが、その**元となる「具体的な事象やイメージ」**が存在します。抽象的な話が、抽象的な部分だけで展開すると、多くの人はなかなか理解できません。

私たち考学舎では、「幸せな学びを生徒達が実現すること」を1つの目標にしています。この「幸せな学び」とは何なのか？　言葉だけを聞いてもなかなか正しく絵訳することはできないでしょうし、当然、正しく理解することはできません。ただこれを次のように説明したらどうでしょうか。

「それぞれの生徒が、自分のやりたいことを実現するために、自ら前向きに、学び続けられるようになること」

こういわれると、少し絵訳が進むのではないでしょうか。生徒は前を向き、顔をあげ、期待をもって何かを学んでいるイメージです。

こういった抽象的なことは、話し手・書き手が、どこまで自分なりのイメージをもって話をしているかで、聞く側の理解がどこまで進むかが決まるように思います。

話し手・書き手が、どれだけ素晴らしいことを言っても、話し手・書き手の側にイメージがない場合、聞き手に内容が正しく伝わることはありません。

1つ例を出してみます。

ある会社の役員が期初の営業会議で、全国の営業所長に発破《はっぱ》をかけていました。

役員「今期は、売上を2割増しにしていこう。この表を見てくれ。毎月こんな具合に売上が増えていけば、年間では結果的に2割増しが達成できる。会社のために、そして諸君のために、この目標を達成できるよう頑張っていこう。各営業所で毎月の目標と達成方法を出しておいてくれ」

これを読んで、こんなふうに思ったのではないでしょうか。

・「売上を増やせ」か。言うだけなら簡単だけどなぁ
・売上が増えたら、給料が増えるのかな
・新しい商品やサービスでもあるんだっけ？　何もないのにただ今までより増やせって……無理だろ！
・「毎月こんな具合に」ってずいぶん調子よく言うけど、この前提が知りたいな　etc

「今期の売上を増やす」というのは、見せられた表やグラフとあいまって一見、具体的でわかりやすい気がします。ですが、実はきわめて抽象的でぼんやりした話です。

一方、次のような話だったらどうでしょう。

役員　「今期は、Aという商品をラインナップに追加する。これは、今までうちの商品を使っていない、○○な層にアピールできる商品だ。この層は、今までの層に加えて2割程度の顧客層増加になるから、ぜひしっかり売っていこう。本社でもそのための顧客アプローチ費用を△な分野で増額するつもりだ」

営業担当としては、「何を、だれに、どんな風に」売り込んでいくことで、売上を増やせるのか、イメージができるのではないでしょうか？

発信する側にしっかりしたイメージがあること、がとても大切です。発信する側にイメージがない場合、受け取る側は当然イメージを持つことができません。絵訳どころではなくなってしまうのです。

でも、発信する側に、しっかりとしたイメージがあれば、イメージがあることが前提の言葉選びが行われ、発信が行われます。そうすれば、受ける側でもそのイメージを受け取ることができるのです。もちろん、受ける側の理解力も必要になりますが。

ここまで露骨ではなくても、話の背景をイメージしにくいことはよくあります。

今まで、話を正確に理解できないとき、「受け手側の問題」が多く語られてきました。実際にはそれだけではありません。話す側も、しっかりとしたイメージを持っていなければならないのです。

ONE POINT

話し手も聞き手も、それぞれがイメージを持つことが大事。

背景の見える言葉にする

自分を知って、人生の満足度をアップ！

ケース④ 自分自身

「自分を理解」して、ブレない基準をつくる！

最後の例は、自分自身を絵訳を通して理解することで、自分にとっての幸せを探す作業です。

誰もが「幸せな人生を歩みたい」と思っているのではないでしょうか？

でも、この「幸せ」をしっかりイメージできているかどうかで、その人が本当に幸せになれるかどうかが変わります。そして、この**自分自身の幸せばかりは、自分自身**

でイメージできなければなりません。誰かにイメージしてもらったものを借用した場合、どこかで限界がやってきます。

「これ、なんかちがう」

「自分には幸せかどうかよくわからない」

と。

これも例で考えてみましょう。

・「タワマンに住む」のが幸せだ

と思ったとします。そうしたらその生活をイメージしてみてください。まずはどんな姿が見えますか？

タワーマンションの部屋で、ゆっくり夜景を見ながらくつろいでいる姿でしょうか？

第一歩としてはよいと思います。でも、これで終わりにしないでくださいね。

・あなたはそこに誰といますか？
・昼間どんな仕事をしていますか？
・周囲にはどんな人がいますか？

色々な生活のタイミングをイメージすることで、「タワーマンションに住む」という抽象的な考えがより具体的に見えてくると思います。スタートはどこからでも構いません。どこから始めた場合でも、できるかぎり1つひとつ丁寧に絵訳していきます。

「心のつぶやき」をすべて言葉にしてみる

みなさんにとって「幸せ」とはなんでしょうか？

・お金持ちになって優雅に暮らす
・タワーマンションの最上階に住む
・自分の特技をみんなに認めてもらって、自分の存在価値を確認する
・家族に囲まれてゆったり暮らす
・充実した仕事に巡り合い、日々頑張って働き、その成果を得る
・森の中で周りの人に振り回されずにゆっくり暮らす　etc

本当に、色々な幸せの形があると思います。参考になる例も周りにはいっぱいありますよね？

でも、同じような状況で暮らしていても、幸せそうな人もいれば、幸せそうではない人もいます。いったい何が違うのでしょうか？

そう、一人ひとり感覚や感情も異なれば、考え方も異なります。同様に幸せの形も異なるのです。

これは持って生まれた部分なのか、成長の中で培われたのか？　わかりませんが、一人ひとり異なることだけは確かです。

一番わかりやすい例では、肉が好きな人もいれば、魚が好きな人もいます。赤が好きな人もいれば、青が好きな人もいます。

これらの好みに対して、「肉を好きになるべきだ」とか「赤を好きであるべきだ」と強制することはできるでしょうか？　できませんよね。もちろん、強制する必要もありません。

幸せはこれの発展形なのではないかと思います。「発展形」と書きましたが、これらの感情の集積、と考えるべきなのかもしれません。だからこそ、人それぞれ形が異なるのです。

もう少し考えると、それぞれの生活の中で、「譲れない点」があると思います。「いくら給料が良くてもこの仕事はしない」とか、逆に「どんなに環境が良くてやりたい仕事でも、この給与水準以下では働かない」など。

最初は、**好みや大切にしたい点などをできるかぎり細かく、具体的なところまで見ていく**ことが大切です。それらをたくさん集めてきて、そこに**共通するポイント**を見つける。それが、**自分が人生の中で本当に大切にすること、幸せになるためのポイント**なのです。

さあこれで、ご自分の幸せを絵訳（イメージ）してみてください。

絵訳の結果は一人ひとり変わってくるはずです。もちろん、自分自身でも時によって「幸せの絵訳」は変わってくることもあるかもしれません。変わっても構わないのです。でも、自分の大切にする部分、「木の幹」に当たるような部分はあまり変わらないものです。

これが、自分を理解していく作業です。

「わが子を理解する」シンプルな方法

教育に携わる者の一人として、子どもを持つ親に対して、いつも思っていることをお伝えさせて頂きます。

親である方は、自分の幸せ以上に、子どもの幸せを考えていると思います。

「うちの子は、○○が得意だし、△△が好きだから、こんな風になれば幸せなのではないか？」

「そのためには、こんな進学やこんな就職をさせてあげないと……」

などなど。もちろん、子ども自身だけでは考えられない状況もあり得ますが、自身で考える力をつけてあげることも大切です。そこで武器になるのが、「絵訳する力」です。

とくに、**幸せは自分自身で考えなければ、しっかりとイメージできません**。しっかりイメージできない幸せはやはり「借り物」、どこかで限界に見舞われたり、そこに向かえなくなってしまったりします。

「親に言われた通りに受験をし、進学したが、その学校になじめなかった」
「親のアドバイス通りに就職したが、仕事がちっとも面白くない」

よく聞く話ですよね。これは、その進学や就職が、その人自身とつながっていない、本人が理解できていないからです。

もちろん、「自身で選択したから必ず成功する」というわけでもないと思います。でも、**自分で選択したことについては、自分で責任をとることができます**。同じように、限界に見舞われる、そこに向かえなくなる、としてもそこからまた、前向きな方向転換をしやすくなります。

幸せはぜひ、自分自身で探してください。お子さんにもぜひ、自分自身で探させてあげてください。絵訳するのを手伝うくらいが、周りの人ができることです。

「借り物の言葉」は使いものにならない

少し話が大きくなりますが、「平和な世界を築く」と聞いて、嫌がる人はあまりいないと思います。

でも「平和な世界を築く」だけでは、どんな世界かをイメージするのはなかなか難しいのではないでしょうか。

たとえば、争いのない世界。「争い」とは何を指すのでしょうか。

・国と国との間での戦争、でしょうか？
・では、国と国との戦争がなければ平和でしょうか？
・国内での内戦はどうでしょう？

・殺し合いはなくても、貧富の差が激しくて餓死するような人がたくさんいる世界は平和でしょうか？
・先進国で戦争がなくても、先進国で使う資源のために、他の国で起きてしまう不幸は、やむを得ないものでしょうか？

学問としての平和の定義はあるのでしょうが、「私たちがイメージできる具体的な平和」はどんなものでしょうか。もし、「どんな世界が築かれるのか」をイメージできたら、そんな世界が少し近づいてくるかもしれません。

私自身は、今の情勢で、平和な世界はイメージできません。私にイメージできるのは、私自身の周りで、お互いに真剣に向き合う中で、相手の権利も自分の権利も守りつつ、一部は我慢しつつ、お互いに信頼できる関係を築いていくことです。

これ以上の大きな世界は、**言葉でわかっているつもりでも、イメージにはなりませんから、私の中で理解できていない**のだろうと思います。「平和な世界のイメージを説明できる人が増えたら、平和な世界がやってくるのではないか」と思うわけです。

この例は、何を意味するのでしょうか。そう、「借り物の言葉」すなわち「自分自身で絵訳（イメージ）できない言葉」「自分自身でしっかりイメージできない、理解できていない言葉」は結局使えない、ということなのです。

もちろん、意味がわからなくても、正しいはずのことを願い続けることは、とても大切なことなのだとも思うのですが。

ONE POINT

目に見えないことだから、イメージすることで可能性が広がる。

第4章

「絵日記」で質問力を鍛える

——最強のトレーニングツール!!

絵日記で質問力を「自分の武器」にする

この章では、日常生活の中でできる質問力をトレーニングする方法について説明していきます。

第1章でも説明しましたが、**質問力は年齢を問わず、伸ばすことができるもの**だと考えています。持って生まれたものでも、子どもにしかトレーニングできないものでもありません。始めた人から質問力が向上し、その結果、理解力が上がり、信頼される人に変わることができるのです。

大人だから、伸ばせる能力とは？

私は「大人でも、頭はよくなる」と考えています。少なくとも、これまで私が絵訳をいろいろな人に教えてきた経験からは、そう断言できます。

とくに**「理解力」については、むしろ大人になってからのほうがトレーニングしやすい**のではないかとすら思います。大人は子どもと比べて、知識も多く、体験も生きている年数分だけ多くあります。「自分自身の言葉を持ちやすい状況にいる」と言えるのです。

一方、大人の難しさは、今までの人生で、「わかったつもり」に慣れてしまっていることでしょう。この状態が通常となり、いまさら「わからない」ということに気づきにくい、または「気づいても恥ずかしくてそれを認められない」というところがあります。

もちろん人によって異なると思いますが、大人のみなさんは、多かれ少なかれ、自分なりの理解するスタイルや、理解する度合いを持っています。20年以上もの間、それでやってきて、十分に生きてこられたし、生活もしてきた、もちろん仕事もやってきた。これを変えることほど、大変なことはないでしょう。

そんな皆さんにまずはお勧めしたいのが、絵日記を描くことです。

「え？　今さら絵日記？」

と思うかもしれませんが、そうなんです、絵日記です。でも、ただの絵日記ではありません、次ページのテンプレートに描く絵日記です。

大丈夫、友達に言わなくていいし、同僚に告白する必要もありません。家に帰って一人静かにトライしてみてください。続けるうちに、「見える景色」が変わっていきます。

「絵日記の見本」

年　月　日（　）天気

絵を整理する

いつ

どこで

だれと

どんなふうに

何をした？

絵を言語化

所感

うっかりバカにできない「絵日記」のすごい力

日ごろから正しく理解し、思考を深めることをトレーニングできる方法として、私がおすすめしているのが絵日記です。

「絵日記なんて、小学生、それも低学年のころにしかやらなかった」という方がほとんどではないでしょうか。まだ文字をたくさん書くのが難しい年頃の子供に、絵のついでに少しでも文字を書く習慣を持たせるためのもの、というのが一般的なイメージでしょう。

でもそれは、やり方次第です。

私は、この**絵日記を子供から大人まで、「質問力と理解力をトレーニングする最強の教材」**に仕上げました。ポイントは、

①その日に起きたこと一つを、しっかり絵や図でイメージする（質問と理解）
②それを再度、文章化する（理解の言語化）

という「絵訳」の流れに沿っておこなうことです。

頭の中だけで、できることは特に、初期（思考力が高くない段階）においては限界があります。

イメージ化する際に、わからないところは白や黒にしますが、慣れるまで、頭の中で想像しているだけでは、この「白い、黒い、わからない部分」がごまかされてしまいます。

しかし、**実際に描けば、明らかに白い・黒い、「わからない」部分として残せるので、はっきり認識できる**わけです。この「紙の上」ではっきり認識するトレーニングを繰り返すうちに、次第に頭の中だけでも「白い、黒い、わからない部分」をしっかり認識できるようになるのです。この部分が認識できれば、そこを質問すればよくなりますから、自然と質問力がついていきます。

忙しい社会人こそ絵日記がウッテツケ

現代人は、仕事はもちろん、プライベートでも、とても忙しい日々を送っていると思います。

「平日は仕事に明け暮れ、ようやくやってくる週末、プライベートでやるべきことをこなすと自由時間もなかなかない」というところでしょうか。

さらに、日々学び、成長していかなければ、仕事においてもプライベートにおいても難しい時代です。例え資格を取ったからといって、その資格を糧にラクして何十年も働く、などということができる時代でもありません。目まぐるしく変わる動向を追い、新しい知識や技術、考え方を学んでいく必要のある時代でしょう。

異なる業界への転職となれば、また一から学びなおすこともあります。必要があれば、何年か働いた後で、大学や専門学校に通いなおす人もいるかもしれません。朝活をしている方もいるかもしれませんし、終業後、週末に通信などで何かを学んだり、今まさに、大学等に通われている方もいるかもしれません。

そう、一生学び続ける必要がある、といっても過言ではありません。

多くの情報の中から、自分にとって大切なことを取捨選択し、浅薄な知識ではない、深い理解をする必要があります。

でも、**どんな成長をめざす場合にも、必要なスキル**があります。それは実は、学校では一度も習ったことのない技術です。そう、もちろん「理解する力」それも、「正しく理解し、学んだことを確実に自分のものにできる力」です。

これさえ持っておけば、**何を学ぶにも、他の人よりも深く学ぶことができる**のです。

たとえば、次の2つの学習パターンのうち、どちらがいいなと思うでしょうか。

①何を学んでも、それは独立した1つの知識
②一つの基礎問題から、多数の応用問題を解けるようになる学び

前者なら、必要な学びは膨大な量になります。いわば、すべての問題のパターンを学ぶようなものです。

ですが、後者ならば、当然、すべてのパターンを学ぶ必要はありません。これが「学んだことを効率よく使える状態」です。これこそ、「理解の真髄」です。

学校で数学のテストを受けているとき、「数学はパターン問題だから」とありとあらゆる問題文を暗記しようとしている人がいました。

一方で、基礎問題しか問いていないのに、複雑な数学のテストを、問題集の模範解答とは別の方法で簡単に解いてしまう人もいました。

当時は、後者の人を「頭がいい、すごい人だ」と尊敬したものですが、やはりめざすなら、このタイプです。

誰もがこの状態になるのを手助けするのが、「絵訳」です。**短い時間で効率よく、新たに学んだ知識を、自分自身が使いやすい形で習得していく**。そんなことができるトレーニングが「絵日記」なのです。1回10〜15分、1週間に2、3回できたら上出来。忙しい現代人にこそ、必要な習慣だといえるのではないでしょうか。

ONE POINT

忙しいとき、時間がないときほど、「絵日記」でインプットを効率化!

質問力がグンと上がる「絵日記の描き方」

質問力と理解力のトレーニングツール「絵日記」

「絵日記の描き方」を説明していきます。

この絵日記は、「理解と質問を絵日記というツールを用いてトレーニングする」のが目的です。

私たちは普段、多くのことを見聞き、通り過ぎています。もちろんそれを理解できていないわけではないと思いますが、その中には、

- なんとなく「記憶」しておけばよいこと
- しっかり咀嚼《そしゃく》して理解し、記憶に定着させたいこと

があるはずです。しかし、普段の生活の忙しさに紛れて、「押さえておきたいことなのに、ただの知識としてやり過ごしてしまう」ということはありませんか？

そこで、1週間に数回でも、絵日記を書くことで、押さえておきたいことをしっかり理解することができるようになります。

絵日記に必要な道具は、

- ペン
- 紙1枚

だけです。描く紙は、白紙の紙でもよいですが、189ページにある絵日記テンプ

レートをコピーして使っていただくのをおすすめします（目次最後に記載のURLからデータをダウンロードできます）。

それでは、準備ができたら、早速、描き始めましょう。

①ネタ選び

まずはネタ選びです。自分が今、一番ていねいに理解しておきたいネタを選びましょう。

②絵を描く

絵として描くのは、図や模式図のようなものでもかまいません。絵がうまくなることが目的なのではなく、しっかりイメージすることで、理解を深めるためにやるので、絵は下手でかまいません。でも、文章のまま放っておいてはいけません。しっかりイメージして、絵にしていきます。

③5W1Hで言語化する

絵を描いたら、それを文章にしましょう。言語化の作業です。絵の下の欄に、「いつ、どこで、だれが、なにを、どんなふうに、した」のかを書きます。5W1Hで状況を整理するのです。

④1文で言語化する

その後、左側に入ります。まずは絵の内容を1文で書きます。この絵のテーマを簡単に説明する、または、結論とテーマを説明します。第3章で解説したような「これは○○の絵である」という形式で書けばよいです。

⑤200文字で言語化する

続けて、200字程度で少し詳しく書いていきます。この時には、絵の下に書いた、「いつ、どこで、だれが、どのように、何をした」のかを入れていきます。

ここではあくまで、起きた事実だけを説明します。

⑥感想と理由を言語化する

それについての自分の見解（感想）を1文で書き、その隣に200字程度でその見解（感想）とそう考えた理由について説明していきます。

こうして、一度、絵にしたうえで、再度、言葉にすることで、「無意識」に通りすぎてしまいそうになったことを、しっかりと言語化することができます。その結果、質問力がつき、理解を深めていくことができるのです。

202、203ページに絵日記のサンプルを掲載しているので参考にしてください。

まずは、絵日記テンプレートを、一定期間お試し頂きたいのですが、お気づきの方も多いでしょう。**絵訳のチャンスは生活のいたるところに転がっています。**

実際に手を動かして絵を描かなくても、頭の中でしっかりとイメージとして想像するだけでもよいとレーニングになります。

たとえば仕事上では、顧客から何かの説明を受けた時、その内容をどこまでしっかりイメージできるかで、自身の理解度を計ることができます。そしてもちろん、「分からない」に気付いたら質問です。逆に、自分が誰かに説明するとき、頭の中にしっかりしたイメージを持てば、説明はわかりやすくなります。

家庭では、学校から帰ってきた子どもの話を聞くとき、まだまだ説明下手の小学生に対しての場合、特に「わかりにくいなあ」と思ったり、子どものことが心配になるあまり詰問調に色々聞いてしまったり、問い詰めたりしていませんか？

そんな時にも、しっかり自分の中で絵訳（イメージ化）することで、イメージしきれない部分について、丁寧に話の内容を「理解」すべく質問することができます。

2022年5月25日(土)天気 晴天

絵を整理する

いつ 親友ちゃんが帰国した週の土曜日

どこで コメダ珈琲

だれと 親友ちゃん

どんなふうに 10ヶ月会えなかった寂しさから大泣き

何をした？ 小さいシロノワールを2人で分けた
小さな幸せも分けっこした

絵を言語化 10ヶ月振りの親友との再会は小さな幸せに溢れた日常!

約10ヶ月振りに留学から帰ってきた親友ちゃんと対面した。空港に行けなかったことに申し訳なさと久々すぎる対面に緊張していたが、やっぱり時間が経っても親友ちゃんは親友だった。アメリカ帰りだからかサングラス×アロハシャツで明らかにオラオラになってたか。こわ。小さいシロノワールとコーヒーシェイクは甘すぎなくて懐しさを感じた。まるで私達の気持ちを表しているみたいだ。

所感 世界で唯一の親友ちゃん!

親友ちゃんとご縁は太く、こうして久々に会っても全く隔たりがないのだ。ただ不思議で、お互い新たな世界を知りつつある機会に恵まれているので余計にこの子だと思った。いつか2人で世界旅行に行く。

絵日記の書き方例②

二〇二四年 八月三十一日（土）天気

絵を整理する

いつ	八月最後の日（八月三十一日）
どこで	お台場のダイバーシティ
だれと	仲良しの友だち九人と。
どんなふうに	筋肉痛になりながら
何をした？	生まれて初めてのサバゲーをした。

絵を言語化 生まれて初めてのサバゲーで筋肉痛になった。

八月の最終日、夏の思い出作りに仲良し九人組で、お台場に行った。当初の予定では、スポッチャに行くつもりだった。しかし、学生の夏休み最終日と被ったためか、その日は、予約でいっぱいで入れずじまいだった。代わりにお化け屋敷やショッピングなどの案が出たが、結局サバゲー（サバイバルゲーム）を行うことに。お台場のダイバーシティにあるサバイバルゲームは、三チームに分かれ、レーザーを打ち合って勝敗を決める。レーザーのため、体に当たっても痛くなく、扱いやすかった。私は「サバゲー」というものを初めて体験した。意外と動き回らなければならないため、次の日しっかり筋肉痛になった。トホホ。

所感 夏の最高の思い出

初めて体験したサバゲーを通して、自分が思ったほど動けなくなったということに気がついた。これからは定期的に運動していこうと誓った。まさか、二十分の運動で筋肉痛になるとは…。しかし、友だちと楽しい時間を過ごし、夏の最後に最高の思い出ができて良かった。来年の夏も楽しみだ。

特に、「理解すべく」というところが大切です。

子どもの話を聞いていると、内容以上に、

「その時、子どもがやっていたことが適切なのか？」

「子どもが嫌な思いをしなかったのか？」

などが気になってしまうものです。

でも、この部分は理解の先の話です。まずは、**話の内容に限った質問をして、目の前の話を理解する**こと。そうすれば、子どもは話しやすくなります。

最後までしっかり説明してもらい、こちらもしっかり理解したら、理解の先の話をしていきます。あくまで内容とは切り離した形で、また心配や意見であるということを前置きしたうえで、心配ごとや注意事項を伝えます。そうすれば、子どもには親のメッセージがよりよく伝わります。

正しい絵訳ができれば、理解と思考をしっかり分けることもできるのです。

テレビやネットよりも「新聞記事」が一番！

絵日記で、自分の生活を絵訳することと平行してしたいのが、「新聞記事の絵訳」です。

テレビニュースや動画のニュース解説ではありません。テキストだけで書かれた新聞記事です。記事を読み、それを絵訳していきます。時事情報を得つつ、理解力のトレーニングにもなるという、一石二鳥のトレーニグです。

テレビや動画解説を避けたほうがいいのは、**テキスト（言葉）から情報を絵訳することで、理解力強化のトレーニングとなる**からです。テレビや動画は、現場の映像があったり、図解があったりして極めて理解しやすい構造です。何も考えなくても、理解できてしまう、といっても過言ではないでしょう。それでは理解力が鍛えられることはありません。

もちろんわかりやいことはいいことですが、理解力のトレーニングとしては適切ではありません。


まずは記事を1本選びます。短いものでかまいません。

それをよく読みつつ、絵訳していきます。


まずは1枚の絵にしていきます。時系列のものであれば、矢印を使って流れがわかるようにしてもよいですし、2コマに分けて書いてもよいです。

複数人が登場する内容であれば、その関係性が見えるように1枚に絵訳していきます。**完全な絵にする必要はありません**。「四角で囲んで文字を書いておく」でも構いません。

1枚の絵になったら、改めて200字程度の文章にまとめてみます。この時には、

・結論は何か？
・なぜその結論が導かれたのか？

を考えつつ、「①結論、②その理由、③理由を裏付ける具体例、④最後にまた結論」という構成でまとめてみてください。記事1本につき20分程度が目安ですが、時間を気にする必要はありません。

「どこまで絵訳できるか」チャレンジしてみよう

記事を絵訳するとき、絵にするのが大変なものは、言葉を四角で囲む程度でも構いません。しかし、

・「わからないこと」だから、絵にならないのか？
・1枚の絵で表現し難い（絵そのものの難しさ）から絵にならないのか？

を自分の中で、しっかり区別してください。

なんとなく、四角で言葉を囲んで図示するだけでも、多少のトレーニングにはなります。しかし、それでは「わかったつもり」を解消することはできません。

「絵訳できないということはわからないからではないのか？」と自分に問いかけてみる。**自分に対する実験だと思って、ゲーム感覚でやっていきましょう**。これをサボると、このトレーニングの効果が半減してしまいます。ぜひ、必死に絵訳してみてください。


1つ例を出しておきたいと思います。この記事は、あくまで、筆者が練習のために書いたものであり、事実とは関係ありませんのでご注意ください。

ピース王国では、バブル崩壊後20年にわたり、デフレが続いてきた。10年ほど前からは、安定的な物価上昇を目指し、大規模な金融緩和策がとられ、株式市場は少しずつ回復が見えていた。しかし、デフレは変わらず、物価が上がることはなかった。5年ほど前からは、金融緩和策を続けるピース王国と、他国との金利差が意識されるようになり、海外通貨との為替相場では、ピース国通貨が下がり始めた。その結果、輸出産業は好景気に見舞われ、輸入に頼る、多くの食料品で値上げが始まった。

さあこれを1枚の絵に表現してみましょう。

次ページに、一例を掲載するので、自分の絵と比べてみてください。どちらが正解ということはありません。「こういう観点もあるんだ」と気づくきっかけにしてみましょう。

ピース王国の状況をイラスト化

ほんのちょっとの絵訳が、人生を変える

絵日記テンプレートで紹介した通り、見聞きしたことを、絵（イメージ・図）にし、それを再び言語化する作業は、

・絵訳（イメージ化）する時点で1回
・それを文章化する時点でもう1回

合計2回、自らの理解を明確化させています。

この作業によって、ほぼ自分に強制的に、「丁寧に理解をするプロセス」を行わせていることになるのです。

でもこれは、一朝一夕にできるものではありません。

でも私のこれまでの経験からいえば、週2、3回、半年程度がんばれば、誰でもできるようになる、少なくとも入口に立つことができると断言できます。

この習慣がつくと、どう変わるのでしょうか。

理解しようと思ったときに、**頭の中で勝手に、「言葉から絵、絵から再び言葉へ」と深く理解していくことができる**ようになります。

これができると、今理解しようとしていることの中から、わからないこと（知らない、理解できない）にその場で気づくことができ、その瞬間に質問にすることで、解決できるようになります。

あとから「なんだっけ？」「あの場ではわかったような気がしたけれど、やっぱりわからない」をなくすことができるのです。

さらに、なんとなく知識として頭においてあることと、しっかり理解し考えたいことを区別できるから、大切なことを正しく理解することもできるようになります。

自分自身の言葉で理解が進むことにより、誰かに伝える際にも、より伝わりやすい、ナマの言葉で伝えることができるようになります。

ここまでくると、自分が発言するタイミングで、すぐに適切な言葉が出てくるようになり、素早く、わかりやすい発言ができるようになるのです。

そう、普段、「あの人信頼できるな」と思う行動を、自分もできるようになるのです。まさに、人生が大きく変わります。

ONE POINT

仕事でも、私生活でも、どんな場面でも絵訳をしてみよう！

本書を手に取っていただき、最後まで読んでくださりありがとうございます。「信頼を得られる質問」、できそうでしょうか?

私たちの生きる時代は、「○○ができれば良い」という時代ではなくなってしまいました。子どもには、「課題発見能力」などと言って、テストで点を取るだけでなく、新たな課題を発見する力をつけることを求め、大人には、「リスキリング」などと言って、働くだけでなく、人生100年学び続けることを求めます。

これを楽しくやるコツは、今まではなんとなくためらわれてきた、目の前で当然のように行われていることに「どういうこと?」と疑問を持ってツッコミを入れていくことです。なぜなら、「昨日の常識は、今日の非常識」だからです。

このツッコミが本書で言う質問です。

この質問を、失礼なく、謙虚に、自分も興味を持って楽しみながら探すコツが、「絵訳」というわけです。これができれば、いくつになっても成長可能です。そう、皆さんは、楽しく100年成長し続けるための、とてつもない武器を手に入れました。

でも、実は当初、本書はこの「絵訳」部分のみを説明するものでした。編集を担当してくださった逸見さんや、ソシムの皆さんの徹底したこだわりのおかげで、日々の生活に本当に役立つ一冊になったと自負できるところまできました。この場を借りて心からお礼申し上げます。

そして、挿し絵というレベルではない、でも誰もがトライできそうな、シンプルなイラストを描いてくださった加納徳博さまにもお礼申し上げます。

本書の基本アイディアは、それこそ私に散々ツッコミを入れてくれる考学舎の生徒たちや、それを見ながら本質的な質問をしてくれるスタッフがいてくれたから、ここまで形になりました。本当にありがとう。

本書が、みなさんの、幸せで楽しい学び、成長の一助になることを祈りつつ。

[著者]
坂本　聰（さかもと・さとし）
有限会社考学舎　代表取締役
株式会社カープ　取締役業務執行責任者
昭和医療技術専門学校特任教授（日本語表現法・思考法）
1972年東京生まれ、一橋大学商学部卒業。理解力・質問力を鍛える絵訳メソッド開発者。
小学生の頃からフランス語を学び、高校在学中、ベルギー王国に留学。留学中、外国語の習得に苦労する中で、「理解し考え、言葉にすることの本質」に気づき、帰国後、フランス語だけでなく、それまで苦労していた国語の成績が一気に向上した経験を持つ。大学、会社員時代を通じ、人間関係、特に信頼関係の形成における「理解力、質問力」の重要性を痛感。フランス語の学習法などをヒントに、「理解力、質問力」を養える独自の絵訳メソッドを構築した。
1999年、東京渋谷で「幸せな学力を創造する現代の寺子屋」とも呼ばれる「考学舎」を設立。登校・不登校を問わず、受験のためだけではない、絵訳メソッドをベースとした、人を育てる小中高一貫カリキュラムで丁寧に生徒を育成。多くの生徒が10年単位で通い、自ら学ぶ力をつける場となっている。
その傍ら、専門学校や社会人向けセミナーでも絵訳メソッドを通じた「理解力・質問力」を鍛えるトレーニングを指導。総指導者数は約１万人。
著者に『国語が得意科目になる「お絵かき」トレーニング』（ディスカヴァー・トゥエンティワン）などがある。

いつも信頼される人がやっている
「たったひと言」の質問力

2024年11月 8 日　初版第１刷発行
2024年12月25日　初版第２刷発行

著　者　坂本　聰
発行人　片柳秀夫
編集人　志水宣晴
発　行　ソシム株式会社　https://www.socym.co.jp/
〒101-0064 東京都千代田区神田猿楽町1-5-15　猿楽町SSビル
TEL ：(03) 5217-2400（代表）　FAX：(03) 5217-2420

ブックデザイン　大場君人
イラスト　加納徳博
DTP・図版作成　株式会社キャップス
印刷・製本　株式会社暁印刷

定価はカバーに表示してあります。
落丁・乱丁は弊社編集部までお送りください。送料弊社負担にてお取替えいたします。
ISBN978-4-8026-1472-6　